L
DE DIWALI

Castor Poche
Collection animée par
François Faucher, Hélène Wadowski,
et Martine Lang

Titre original :
PREMLATA AND THE FESTIVAL OF LIGHTS

Une production de l'Atelier du Père Castor

RUMER GODDEN

LES LUMIÈRES DE DIWALI

Traduit de l'anglais
par Rose-Marie Vassallo

Jessica Vilela Hansraj

Illustrations de
JEAN-LOUIS TRIPP

Castor Poche Flammarion

Rumer Godden

L'auteur est née dans le sud de l'Angleterre en décembre 1907. Elle a vécu toute son enfance en Inde et y est retournée adulte, après le passage obligé par un pensionnat britannique durant ses années d'adolescence. Elle a dirigé longtemps la section enfantine de l'école de ballet de Calcutta. Une large part de son œuvre reflète cet attachement pour l'Inde et tout particulièrement pour le Bengale.

Depuis la publication de son premier roman, *Chinese Puzzle*, en 1936, Rumer Godden n'a plus cessé d'écrire, tant pour le public adulte que pour les lecteurs en herbe, et son œuvre, riche et généreuse, a été traduite dans de nombreuses langues et parfois interprétée à l'écran.

Parmi ses ouvrages pour la jeunesse disponibles en français, on peut citer : *Une maison de poupée* (Nathan, 1973), *Les Enfants du jeudi* (L'École des loisirs, 1985), *Histoire de Prune et Fleur de houx* (Gallimard, 1986), *La Petite Fille à la roulotte* (Gallimard 1993) ; et, pour adultes, *Le Fleuve* (Albin Michel, 1989).

Rumer Godden vit aujourd'hui en Écosse, où elle continue d'écrire pour des lecteurs de tous âges.

Rose-Marie Vassallo

La traductrice s'est laissé toucher par ce récit tout simple.

« C'est un peu un conte de Noël, de ce Noël indien qu'est Diwali : il en a la magie, les lumières, l'heureuse fin sur fond d'étoiles. Ce pourrait être aussi un conte rose (tout va si bien s'arranger !) mais Rumer Godden a trop de finesse pour donner dans la mièvrerie. Et quelle justesse dans ce portrait d'enfant, cette petite Bengalaise de huit ans à la fois gamine et femme, gourmande et généreuse, naïve et rouée, docile et frondeuse, et surtout rebelle à toute résignation !

Une mère écrasée par les revers, un jeune garçon qui serre les dents, un puissant de ce monde au cœur bon, mais négligent et trop confiant, une gouvernante qui a trouvé le parfait moyen de s'enrichir… Ce ne sont pas des santons, mais les personnages d'un petit théâtre d'après nature.

Et puis, qui de nous n'a jamais eu la déconvenue de découvrir que ses précieuses roupies, sans prévenir, s'étaient envolées de leur petit sac ? »

Note de l'auteur

Un détail ou deux sur la monnaie indienne permettront de mieux suivre ce récit.

Il existe deux pièces de menue monnaie, l'anna et la païsa. L'anna est minuscule et de teinte argentée ; la païsa, à peine plus grosse, est en cuivre. Toutes deux ont aujourd'hui si peu de valeur qu'elles n'ont pratiquement plus cours. La pièce la plus courante est la roupie. Elle aussi est argentée – quoique pas en argent massif, comme le croient souvent les enfants.

Au Bengale, région de l'Inde où se situe ce récit, les gens de la campagne appellent la roupie une taka.

Chapitre I

— Mamoni… Dis, Mamoni. Tu ne crois pas qu'il serait temps de sortir les petites lampes ?

Premlata s'inquiétait un peu. Diwali approchait, la fête des Lumières, l'une des plus grandes fêtes de l'année en Inde. Et Mamoni – « maman » en bengali – n'avait toujours pas mis en place les *deepas*, les petites lampes de terre cuite qu'on allume ce soir-là à la tombée du jour. Menues coupelles en forme de feuille, avec une cuillerée d'huile et une courte mèche de coton, les *deepas* sont indispensables à la fête.

Car dans la nuit de Diwali, la nuit de la fête des Lumières, la grande déesse Kali descend combattre les démons, porteurs d'obscurité, de misère. Et partout en Inde, ce soir-là, s'allument des milliers, des millions de petites lampes à huile, déposées par chacun sur le pas de sa porte, les murs de son jardin, les montants de son portail. Au bord des toits, le long des allées, jusque sur le pont des bateaux dansent les petites flammes des *deepas*, prêtes à soutenir Kali dans son combat solitaire.

Et Prem attendait Kali.

— Kali, tu parles ! disait Ravi, son frère, du haut de ses dix ans et demi. Depuis le temps qu'elle n'a rien fait pour nous...

— Mais peut-être cette année elle va faire quelque chose, insistait Prem inébranlable, ses grands yeux sombres luisants d'espoir.

Le potier du village avait confectionné une Kali de terre cuite – noire de la tête aux pieds pour mieux se fondre dans la nuit, avec des dents pointues, une langue toute rouge du sang des démons, un long collier de crânes de mort et quatre bras pour mieux frapper. Les jambes pliées dans une danse guerrière, elle avait l'air plus féroce qu'aimable. Mais, dans la fougue de ses huit ans, Prem aimait la déesse et lui faisait confiance.

— Il le faut bien, qu'elle ait l'air méchant, avait expliqué Mamoni. Pour faire peur aux démons. C'est qu'ils sont forts, eux aussi, tu sais. Et n'oublie pas, c'est pour nous protéger qu'elle se bat.

Dans la *puja*, le coin à prières de leur logis, Mamoni époussetait souvent les dieux et déesses de terre cuite, bien rangés sur leur étagère, pas plus grands que des poupées. Kali figurait là en bonne place et Prem s'endormait rassurée : nul démon ne risquait d'approcher dans la nuit.

— Mamoni, il est temps, tu sais. Il faut sortir les petites lampes.

Mamoni ne répondait pas. Agenouillée à même le sol de terre battue, elle vannait le riz patiemment, à coups de poignet réguliers. Elle avait la main si sûre que tous les grains restaient sagement dans le grand van d'osier ; seules les petites peaux sèches s'envolaient pour retomber au sol.

Quand Mamoni en aurait terminé, c'est Prem qui enlèverait les débris avec son balai de brindilles. Balayer faisait partie de ses tâches. Aucune des besognes que lui confiait sa mère n'était vraiment harassante, mais tout le jour Prem avait de quoi s'occuper.

En attendant, elle regardait Mamoni vanner le riz, Mamoni toute menue dans son sari

élimé. Le bracelet à son bras n'arrêtait pas de glisser – elle avait le bras si grêle, à peine plus épais que celui de Prem ! *Avant*, Prem s'en souvenait soudain, Mamoni avait eu plusieurs bracelets à chaque bras, des bracelets d'or et d'argent. Le seul qui restait était en bronze, tout terni, tout griffé. Mais Mamoni y tenait :

— C'était le premier cadeau que m'avait fait ton Bapi, tu sais. Quand nous n'étions encore qu'un garçon et une fille.

Tous ses autres bijoux avaient disparu un à un. Mais tant de choses avaient disparu depuis la mort de Bapi, près de trois ans plus tôt ! Pourtant Prem avait toujours le petit anneau d'argent à sa narine, celui qu'elle avait reçu pour son premier anniversaire. Elle ne se souvenait plus du tout du jour où on avait percé sa narine, sûrement elle avait pleuré ; mais à présent elle l'aimait bien, cet anneau fin.

Quant à Meetu, à deux ans et demi, elle n'avait ni anneau, ni bracelet, ni rien. Mais Meetu, la petite sœur née peu après la mort du père, ne songeait qu'à rire et gazouiller sans se soucier de bijoux. C'étaient seulement Prem et Ravi qui regrettaient le temps d'*avant*.

— Mamoni... Au village, tu sais, tout le monde a installé ses lampes.

Le village. C'était tout l'univers de Prem. Elle n'avait plus que de vagues souvenirs de la ville de Pasanghar, à cinq kilomètres de là, où elle avait habité avec son frère et ses parents, du vivant de Bapi.

Perché sur une butte ombragée de cocotiers, le village contemplait les rizières à ses pieds. Tout autour de lui, à perte de vue, s'étirait la plaine, plate comme une galette sous le bol renversé du ciel. L'eau des rizières miroitait au soleil. De grands oiseaux blancs y pataugeaient sur leurs longues pattes. De minces levées d'argile cheminaient entre les champs inondés, rubans de terre juste assez larges pour laisser passer une bicyclette, un pousse-pousse – ou un éléphant bien dressé.

Au village, d'étroites ruelles se faufilaient entre les maisonnettes d'argile coiffées de chaume, chacune avec son jardinet cerné de murs de terre. Là-dessus flottait tout le jour une odeur de poussière brûlante, d'huile de moutarde chaude, de feux de bois et de bouse séchée.

Un grand bassin au cœur du village tenait lieu de réservoir communal. Chacun y venait à l'aurore puiser l'eau dans un pichet de cuivre, le *lota*, pour s'en arroser la tête et le corps en disant ses prières du matin, tourné vers le soleil levant. Puis, au robinet commun, l'unique robinet du village, chacun emplissait les jarres qui lui fourniraient l'eau de la journée.

Près du bassin, un vieux figuier banyan déployait ses branches tortueuses. Les hommes venaient s'asseoir à son pied, le soir, face au temple dont le toit pointu luisait comme de l'argent pur. En fait d'argent, c'était de la tôle, de la tôle de bidon aplatie au marteau, mais les gens du village trouvaient leur temple beau. Prem connaissait bien le prêtre. En dehors des cérémonies, il était drôle et gentil.

Et puis, un peu à l'écart du village, il y avait la Grande Maison, seule bâtisse des environs à n'être pas en argile. La Grande Maison était en briques, avec des murs blanchis à la chaux.

Là vivait le *zamindar* Bijoy Rai.

Le zamindar, c'est le seigneur, celui qui possède les terres, et Bijoy Rai possédait tout le village, sans parler des hameaux voisins et des terres alentour, jusqu'à Pasanghar.

— Nous aussi, à Pasanghar, on habitait une maison de briques, disait parfois Ravi à sa sœur. Je te prierais de ne pas l'oublier.

L'oublier ? Comment aurait-elle pu ? Elle n'avait de toute façon presque aucun souvenir de l'époque, hormis quelques images fugaces comme les bracelets de Mamoni.

C'était Bijoy Rai, Prem le savait, qui louait à Mamoni la petite maison qu'ils habitaient : une pièce en tout, où Prem et sa mère se partageaient l'unique sommier de bois. Meetu se casait encore – de justesse – dans son berceau devenu bien étroit, et Ravi dormait dehors, sur un lit de camp, sous l'avancée du toit qui formait comme une galerie. Le jour, leurs couvre-pieds s'alignaient contre un mur, enroulés serré.

Un petit fourneau d'argile permettait de faire la cuisine, à côté de l'étagère basse où s'empilaient trois poêlons de cuivre, un pichet et quatre bols de grès pour le thé. Ni table ni chaise : les repas se prenaient assis à même le sol, dans des feuilles de bananier. Le seul vrai meuble de la pièce était la grande malle de métal, ornée de roses peintes à la main, où Mamoni rangeait leurs vêtements et ses derniers objets précieux.

Une lanterne accrochée au mur, allumée chaque soir le plus tard possible, donnait un semblant de lumière. De toute la maison, sans doute, l'endroit le plus important était la *puja*, l'étagère du coin à prières.

Chaque matin, Mamoni y déposait des fleurs fraîches – de petits œillets d'Inde jaunes qu'elle cultivait au jardin – et quelques grains de riz en offrande, ainsi qu'un morceau de fruit pour Kali et les autres dieux.

— Je t'assure, Mamoni, maintenant on devrait bien sortir les *deepas*.

Mamoni vannait en silence.

Trois jours plus tôt, une grande nouvelle avait fait sensation au village : Bijoy Rai venait de se faire installer l'électricité ! Généreux, le zamindar avait fait prolonger la ligne jusqu'au grand figuier de la place. Le bruit courait que bientôt il y mettrait un poste de radio, mais en attendant il y avait déjà là un grand poteau avec une ampoule accrochée en haut, qui déversait une étrange lumière crue – autant que sept ou huit lanternes à la fois !

Toute cette lumière, se disait Prem, c'était sûrement parfait pour Kali. Mais cette blancheur immobile n'avait pas l'air tout à fait vivante. Prem aimait mieux les *deepas*, chacune avec sa petite flamme bondissante, ardente à grignoter la nuit.

— Dis, Mamoni. S'il te plaît. Il faut sortir les *deepas*.

Cette fois, Mamoni répondit :

— Les *deepas* ? Il faudrait en avoir.

— Mais on en a !

— Pas pour le moment.

— Mais tu les as mises…

— Je les ai vendues, coupa Mamoni.

Chapitre 2

Vendues !

Prem se tut.

Vendues. Comme les bijoux de Mamoni, comme ses plus beaux saris, comme presque toute la vaisselle, comme la lampe à paraffine… Vendues, les *deepas* !

Mais elles étaient pour la déesse ! se retenait de crier Prem. Les *deepas*, c'était pour Kali !

Le lendemain, à la nuit tombée, leur maison serait la seule dans l'ombre au cœur du village illuminé. Elle serait la seule à ne pas briller pour guider Kali ; la seule abandonnée aux démons.

— Mamoni, s'entêta Prem d'une petite voix suppliante. Mamoni, il faut en racheter.

— Premlata ! trancha Mamoni.

Et quand elle disait *Premlata*, il valait mieux renoncer. Surtout lorsqu'elle enchaînait d'un ton tout à fait normal :

— Va plutôt à la Grande Maison, tiens, porter les fromages et le lait caillé. Et dis bien à Paru Didi que je veux que tu me rapportes mes mousselines.

Prem s'assombrit. Rapporter les mousselines, c'était le plus difficile. Sa mère y tenait, bien sûr : ces mousselines, elle les lavait pour les réutiliser sur les fromages et le lait caillé. Mais Paru Didi ronchonnait quand on lui demandait de rendre les choses. Et Prem n'aimait pas beaucoup devoir les lui demander.

— Le lait caillé est à sept roupies le pot, les fromages à quinze la pièce : Paru Didi doit te donner cinquante et une roupies, c'est compris ?

Cinquante et une et pas une de moins, disait le ton de Mamoni. Dame, c'était à peine la moitié de ce que lui en aurait payé l'épicier. Mais Mamoni devait tant de choses au zamindar Bijoy Rai !

— Cinquante et une roupies, retiens bien.

Prem ne savait pas lire, mais elle savait compter. Mamoni le lui avait appris, avec de la monnaie justement. Quand on est pauvre, savoir compter est plus vital que savoir lire.

— Et ne secoue pas le panier, conclut

Mamoni. Va tout droit là-bas et reviens directement, tu m'entends ? N'en profite pas pour traînasser.

Ne pas traînasser : dommage ! Prem adorait la Grande Maison. Il faisait bon s'y attarder. Un longue galerie de bois ceinturait la bâtisse, et à l'ombre de ses arcades les grandes pièces restaient délicieusement fraîches. Les ailes du bâtiment se refermaient sur un patio intérieur où fleurissaient d'immenses rosiers, un jacaranda, un grand hibiscus rouge. Et surtout, surtout, dans le patio, il y avait un robinet.

Pour Prem, avoir un robinet chez soi était un luxe impensable : à part le zamindar, tout le monde au village utilisait le robinet de la place.

Mais le plus merveilleux de tout était sans doute le toit en terrasse, bordé d'une balustrade, en haut de l'escalier extérieur. Bijoy Rai passait là-haut toutes ses nuits et une bonne partie de ses journées, si bien que Prem le voyait rarement – à son regret, car elle l'aimait bien.

Bapi, son père, avait été l'homme de confiance du zamindar. Son intendant, disait Mamoni. C'était Bapi qui veillait sur les terres et les affaires de Bijoy Rai, tandis que le zamindar recevait ses hôtes de marque, assis sur le canapé de sa terrasse, à l'ombre d'un parasol, fumant une *hookah* et dégustant du thé, des sorbets et des fruits.

C'était un petit homme aux cheveux gris, replet et toujours de bonne humeur. Paru Didi aussi était bien en chair.

« Tant de bonnes choses tous les jours ! » disaient les gens du village, que cette idée faisait rêver.

Tous les jours, même en semaine, Bijoy Rai était vêtu d'une longue tunique de soie blanche sur un *dhoti* non moins blanc – un grand rectangle de mousseline noué à la taille, avec des plis par-devant. Tous les jours, même en semaine, il portait un lourd collier d'or et des bagues à chaque doigt, serties de pierres précieuses censées lui porter chance, du moins aux dires des astrologues. Ses chaussures, cousues main, rebiquaient du bout en petit crochet, et une touche de parfum parachevait sa toilette. Ses lunettes rondes à monture de corne renforçaient son air respectable : au village, les lunettes étaient une grande rareté.

La femme de Bijoy Rai était morte depuis des années, et il était resté sans enfants. Il les adorait, pourtant. Un jour, il avait convié Prem à monter sur sa terrasse. Il lui avait fait une petite place à ses côtés sur le canapé, il lui avait posé des questions – il savait mettre les enfants en confiance – et lui avait offert un goûter qu'elle n'était pas près d'oublier : une grosse tranche de papaye juteuse, toute dorée, avec des graines noires, et des *gajas* – des feuilletés au sucre – à volonté.

À la saison des cerfs-volants, il invitait les gamins du village à venir manœuvrer leurs engins du haut de sa terrasse, et semblait prendre autant de plaisir qu'eux aux traditionnelles batailles. Les cerfs-volants étaient en papier et en fines baguettes de bambou. Leurs ficelles, enduites de colle puis roulées dans du verre pilé, se faisaient coupantes comme des scies. Le jeu consistait alors à manier son cerf-volant avec art, de manière à trancher la ficelle de celui de l'adversaire. Le dernier à conserver son engin était déclaré vainqueur. Le combat était sans merci.

— Tu devrais monter là-haut avec les autres, avait dit Prem à son frère aîné, un jour, enthousiasmée par le spectacle.

Ravi avait haussé les épaules.

— *Boka !* Tu rêves ! Tu me vois demander à Mamoni de quoi acheter un cerf-volant ? En plus, qui veillerait sur Dhala, hein, pendant ce temps ?

Dhala était leur buffle d'eau, une vache. Malgré son pelage gris d'orage, on l'appelait Dhala, « la claire », pour la petite tache blanche qui lui étoilait le front. Dhala était massive et forte, assez pour porter Ravi sur son dos comme s'il pesait moins qu'un pique-bœuf. Elle avait de longues cornes incurvées vers l'arrière, un gros mufle tendre, et des yeux noirs très doux sous de longs cils recourbés. Elle logeait dans l'appentis derrière la maison et faisait partie de la famille. Malgré toutes leurs difficultés, Mamoni avait tenu à garder Dhala.

— La garder ? disait-elle. C'est elle qui nous garde, oui !

Dhala leur donnait son lait, assez de lait pour eux quatre et de quoi confectionner, en plus, les fromages et le lait caillé qu'achetait Paru Didi chaque semaine.

De temps à autre, contre quelques roupies, un paysan empruntait Dhala pour labourer son champ ou traîner sa charrette. Mais Mamoni aimait mieux ne pas trop prêter Dhala. Pour faire obéir un buffle, certains ne se privaient pas de lui tordre la queue, et d'autres laissaient le joug lui entamer la peau à force de frotter.

Dhala leur offrait même ses bouses, que

Ravi rapportait dans un panier d'osier, précieusement, chaque soir en rentrant du pacage. Mamoni pressait la bouse et l'aplatissait en galettes qui portaient l'empreinte de ses doigts. Sèches, les galettes de bouse faisaient un excellent combustible, qui brûlait lentement dans le petit fourneau.

Tous les jours, Ravi conduisait Dhala dans la plaine. Comment nourrir sa vache autrement, quand on n'a ni prés ni champs ? Mais d'abord, il la menait au trou d'eau. Là, elle s'immergeait avec délices. Plus rien ne dépassait d'elle que la pointe de ses cornes et le bout de son mufle – un paradis pour buffle d'eau.

Tous les soirs, Ravi ramenait Dhala à la maison. Au village, la tombée du jour était « l'heure de la poussière des vaches », parce que les bêtes, en rentrant, faisaient voler la poussière le long des chemins de terre. Après quoi il ne restait plus qu'à traire Dhala, puis à lui donner un seau d'eau, une brassée de foin et un peu de balle de riz pour la nuit.

À onze ans bientôt, Ravi était un grand garçon beau et sombre, rongé par une révolte sourde.

— Je devrais être à l'école, disait-il (à sa

sœur, jamais à sa mère). C'est en classe que je devrais être, tiens, en ce moment.

Et Prem savait de quelle école il voulait parler. Pas de la petite école du village, mais de la grande, à Pasanghar, où il avait été, trois ans plus tôt, l'un des meilleurs élèves de sa classe.

— Moi, je les ferais bien à pied, tu sais, les cinq kilomètres pour aller là-bas et les cinq pour revenir. Pas ça qui me ferait peur… si je pouvais y aller.

Prem n'était pas certaine de comprendre. Aller en classe pour rester assis et recevoir des ordres toute la journée ? Sûrement on était mieux dans la plaine, avec Dhala, avec pour seul toit le ciel bleu !

Mais Ravi ruminait sa colère.

— Il faudrait que j'y retourne, à l'école, pourtant. Sinon, bientôt, je ne saurai même plus lire.

Quelques semaines auparavant, un soir, rentrant à la maison, il avait croisé Mamoni qui sortait. Elle dissimulait quelque chose sous le pan de son sari. Leur lanterne !

Aussitôt, il avait compris : elle l'emportait chez le prêteur sur gages pour en tirer quelques roupies.

— Non ! avait-il protesté. Pas ça.

— Bien obligés. Il nous reste la petite lampe à huile…

Mais il lui avait pris la lanterne des mains et l'avait raccrochée d'un geste.

— C'est moi qui vais là-bas. C'est moi, maintenant, l'homme de la maison.

Et il avait marché droit vers l'étagère où il rangeait ses livres, le peu qu'il en avait sauvé.

— Non, non ! s'était écriée Mamoni. Garde-les. Tu en auras besoin, un jour.

— Un jour, et quand ? avait demandé Ravi, amer. La lanterne, c'est maintenant qu'il nous la faut.

Et, son paquet de livres sous le bras, il était parti sans se retourner.

À présent, oui, songeait Prem, il risquait de désapprendre à lire. Ce soir-là, au souper, elle lui avait tapoté le bras tout doucement, pour le consoler. Il l'avait repoussée d'un geste brusque.

— La paix. Je suis garçon vacher, n'importe comment. C'est tout.

Mais plus tard elle l'avait surpris dans la stalle de Dhala, le front contre le gros cou plissé de la vache. Il pleurait.

Elle était repartie à pas de loup.

Les livres de Ravi, et maintenant les *deepas*. Prem était trop choquée pour pleurer.

Chapitre 3

— Veux-tu t'essuyer les pieds ! aboya Paru Didi sitôt qu'elle aperçut Prem sur le seuil de la cuisine. Pas de pieds sales sur mon carrelage, je viens juste de le serpiller !

Prem se retint de répondre « C'est fait » et s'essuya de nouveau les pieds. Elle n'aurait pas demandé mieux que de laisser ses chaussures à l'entrée de la demeure, comme le veut la coutume en Inde, mais elle n'avait pas de chaussures. Alors elle s'était essuyé les pieds, comme Mamoni le leur faisait faire, avant de franchir le seuil.

En bengali, Didi signifie « sœur aînée » et Paru Didi, gouvernante du zamindar, était une sorte de sœur aînée pour les habitants du village. Mais, comme certaines sœurs aînées, elle ne savait que pester, grogner et distribuer des ordres.

C'était une maîtresse femme, grande et large. Ses saris amidonnés – par Mamoni, qui faisait sa lessive – bruissaient d'un air important à chacun de ses mouvements. Jamais Prem n'avait vu personne porter autant de bijoux qu'elle. Bracelets, colliers, boucles d'oreille, bagues, anneau de nez, elle en était couverte.

Rien n'échappait à ses petits yeux noirs, rien ne les satisfaisait non plus : à l'instant même, par exemple, elle fronçait le sourcil en tirant un pot du panier que Prem venait de poser sur la table. Car, à la Grande Maison, il y avait des tables et des chaises ; Paru Didi n'avait jamais à s'accroupir pour travailler, contrairement aux autres femmes du village.

— Rhmm, pas trop bien pris, ce lait, grogna-t-elle sans presque l'examiner.

Prem respira un grand coup. Il fallait rester polie, elle ne l'oubliait pas, mais ce fut plus fort qu'elle :

— Mamoni fait le meilleur des laits caillés.

— On ne t'a pas demandé ton avis, jeune fille. Bon, parce que c'est ta mère, je le prends quand même. Mais ce sera vingt roupies de moins.

— Mamoni a dit : cinquante et une roupies en tout, déclara Prem avec aplomb, les ongles dans la paume de sa main.

— Cinquante et une roupies ? Pour du lait caillé tout mou, tout liquide ? Ce sera trente-deux, et c'est généreux.

Prem était un peu comme son frère : chez elle, la colère montait vite. Elle revoyait Mamoni courbée matin et soir sur ses fromages et son lait caillé.

— Cinquante et une ou je reprends tout, dit-elle d'un trait.

Et d'un petit bras décidé elle entreprit de remettre les pots dans le panier.

Paru Didi faillit s'étrangler :

— C'est à *moi* que tu parles ?

— Oui. D'ailleurs, à l'épicerie, Mamoni pourra tout vendre sans problème, répondit Prem d'un ton tranquille.

Paru Didi en restait sans voix. Prem disait vrai, elle le savait. Nulle part ailleurs Paru Didi ne pouvait espérer acheter des fromages et du lait caillé aussi bon marché que ceux de Mamoni.

— Quarante, dit-elle, et elle compta les pièces sur le coin de la table.

— Cinquante et une, soutint Prem, agrippée à l'anse du panier.

Les dents serrées, Paru Didi ajouta les pièces manquantes. Mais la fureur la prit et brusquement, d'un revers de main, elle les envoya rouler par terre. Puis, comme la petite s'accroupissait pour les ramasser, elle lui empoigna l'épaule et de l'autre main lui gifla la joue à la volée.

Autour de Prem, la cuisine bascula. Alors, sans réfléchir une seconde, elle tourna la tête et mordit à belles dents la main de Paru Didi.

La gouvernante poussa un hurlement. Prem ramassa les dernières roupies, saisit son panier vide et s'enfuit en courant.

Dehors, elle dut s'arrêter. Ses jambes flageolaient, ses poumons brûlaient, sa joue cuisait, ses pensées galopaient en désordre.

Qu'avait-elle fait ?

Ravi, elle en était sûre, aurait été content d'elle. Mais Mamoni ?

Si Mamoni savait, elle serait horrifiée. Horrifiée et terrorisée.

Je ne peux pas rentrer à la maison tout de suite, se dit Prem. Si je vois Mamoni, je vais me mettre à pleurer.

Et Prem ne voulait pas pleurer. Petit brin de femme de huit ans à peine, elle ne voulait pas pleurer à cause d'une Paru Didi.

Elle se tenait au pied de l'escalier qui

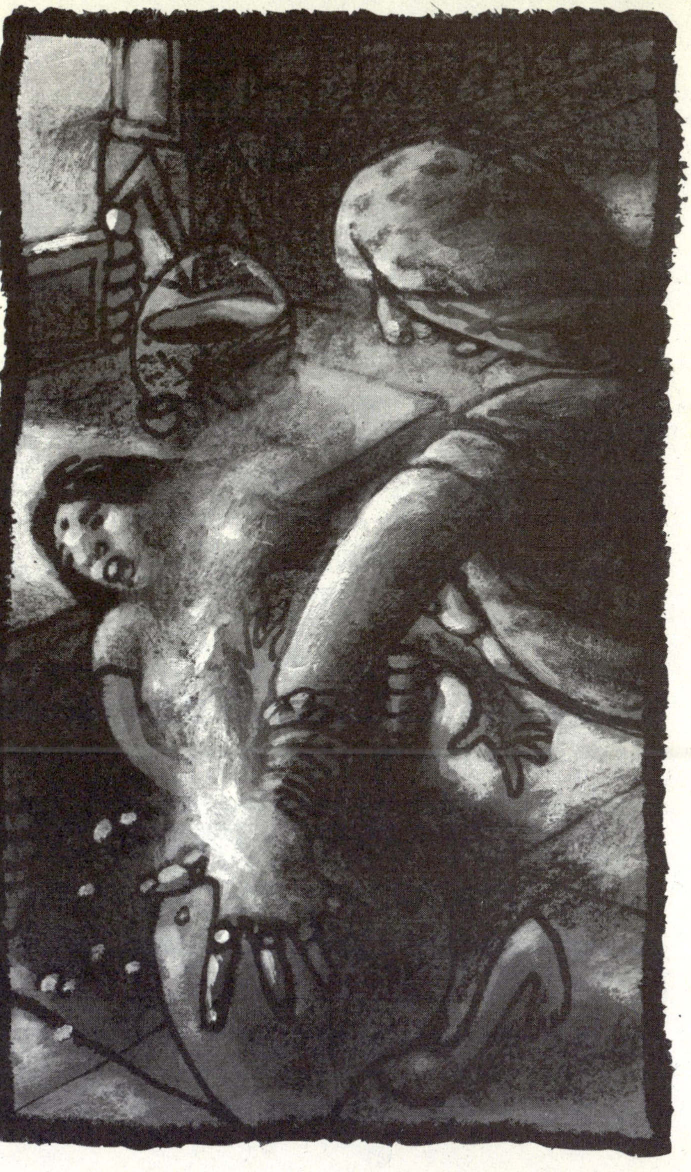

menait à la terrasse et l'envie lui vint soudain de monter voir Bijoy Rai.

Mais Mamoni avait dit : « Il ne faut jamais, jamais déranger Zamindar Babu, tu m'entends ? » Mamoni avait le plus profond respect pour Bijoy Rai. La preuve : elle l'appelait Babu – monsieur.

Alors, ravalant un sanglot, Prem résolut d'aller voir Rajah à la place.

Car il n'y avait pas que Bijoy Rai qu'elle aimait bien, à la Grande Maison. Il y avait aussi Rajah, l'éléphant, presque aussi doux et câlin que Dhala.

En digne éléphant de zamindar, Rajah avait son étable à lui, une grande étable à éléphant, et un enclos pour lui seul. C'est sur son dos que Bijoy Rai visitait ses villages et ses terres. Il était très fier de son éléphant.

Tous les éléphants sont gros, mais Rajah était une montagne vivante ; Prem lui arrivait à peine au genou. Il avait de longues défenses jaunâtres, de grandes oreilles qui brassaient l'air, des yeux minuscules qui voyaient tout et une trompe interminable. Rajah signifie « roi » et Rajah était royal en effet. Royal, et royalement tendre.

Prem adorait Rajah et il semblait bien le lui rendre. Du plus loin qu'il l'apercevait, il s'empressait de la saluer comme le lui avait appris son *mahout*, Naleen : en posant sur son front le petit bout de sa trompe. Le mahout est l'homme chargé de veiller sur l'éléphant, et c'est lui aussi qui le dirige, assis sur sa nuque massive.

Alors Prem, les mains jointes, rendait son salut à Rajah et toujours, lorsqu'elle allait le voir, elle lui apportait une touffe d'herbe fraîche. Rajah acceptait l'offrande avec autant d'enthousiasme que si elle lui offrait un régime de bananes. Il saisissait l'herbe, délicatement, d'un bout de trompe rose vif, et l'amenait à sa bouche, bien cachée sous sa trompe et du même rose bonbon.

Prem cueillit sa poignée d'herbe au passage, mais s'arrêta net à l'entrée de l'enclos.

Que se passait-il donc ?

Rajah était au milieu de la cour, planté comme un gros rocher, tandis que Naleen et un domestique, chacun sur un escabeau, s'affairaient à le décorer à petits coups de pinceau appliqués.

Le travail était déjà bien avancé. Naleen ornait le grand front rugueux d'un motif de dentelle rouge et jaune qui descendait tout le long de la trompe, avec des points blancs çà et là. Son aide lui décorait le flanc, et les ongles de l'éléphant rutilaient déjà en rouge vif.

Soudain Rajah battit des oreilles comme en signe d'impatience. Avait-il aperçu Prem avec sa poignée d'herbe tendre ? Le peintre appuyé à son flanc faillit choir de son escabeau et Naleen jura :

— *Aré ! Shaitan !* Bon sang, espèce de diable !

Comme si c'était une façon de s'adresser à un Rajah !

Un peu plus loin dans un coin de la cour était posé le *howdah*, le palanquin capitonné qu'on fixait sur le dos de Rajah pour transporter Bijoy Rai. Deux jardiniers du zamindar tapissaient la banquette de velours rouge, et les quatre colonnes soutenant le petit toit étaient déjà parées de cordelières d'or avec force pompons et clochettes.

À côté du palanquin gisaient des lanières de cuir rouge, elles aussi garnies de clochettes. À l'heure du départ, Naleen les nouerait aux chevilles de l'éléphant. Chacun des pas de Rajah serait un concert de tintements.

— Mais pourquoi ? s'écria Prem. Où est-ce qu'il va ?

Naleen ne répondit pas.

Alors Prem aperçut Bijoy Rai. Assis sur un

bidon renversé, il surveillait chaque coup de pinceau.

— Pourquoi on fait Rajah tout beau ? demanda-t-elle en s'approchant.

— Parce que nous allons à la *mela*, Rajah et moi, demain, répondit Bijoy Rai. Cette année, c'est nous qui ouvrons la procession.

Une *mela* est une fête religieuse, généralement doublée d'une fête foraine.

— La *mela*, où ça ? demanda Prem.

— À Pasanghar. Oh ! là-bas, tu sais, c'est une grande *mela*, avec des manèges, des balançoires, des conteurs, des magiciens, toutes sortes de stands superbes...

Et, comme Prem ouvrait des yeux immenses, Bijoy Rai ajouta :

— Comment, tu ne sais pas que, demain, c'est le début de la fête ? Allons, allons, Diwali ! Ne me dis pas que tu as oublié Diwali, la fête des Lumières !

À la surprise du zamindar, le menton de Prem se mit à trembler, et ses yeux noirs luisirent de larmes.

Bijoy Rai ne supportait pas de voir pleurer, et surtout pas un enfant. Sans quitter son bidon, il allongea le bras et attira Prem contre lui.

— *Ki holo ! Ki holo !* Allons, allons, qu'est-ce qui ne va pas ? Raconte. Dis tout à Bijoy Rai.

Et Premlata lui dit tout.

Durant quelques instants, il garda le silence. Il tapotait l'épaule de la petite d'une grande main chaude et molle.

Puis il répéta :

— Vendu vos *deepas* ?

Et Prem crut l'entendre murmurer très bas, comme pour lui-même : « En est-elle vraiment là ? »

Prem fit oui gravement, en silence.

Bijoy Rai poussa un soupir.

— Pour Diwali, dit-il, toutes les maisons doivent être éclairées. Toutes. Il le faut, c'est pour la déesse…

Tout en parlant, il tâtonnait dans la poche de la veste qu'il portait sur sa tunique de soie.

Il fouilla une seconde ou deux, extirpa une bourse joufflue et, sous le regard incrédule de Prem, il en sortit des roupies et se mit à les compter. Sept… dix… douze… vingt-deux… vingt-huit… trente-trois… trente-quatre… trente-cinq roupies ! Prem les compta avec lui.

Puis il farfouilla de nouveau, tira d'une autre poche un petit sac de coton, y fit glisser les roupies, noua le cordon et tendit le tout à Prem.

C'était merveilleusement lourd.

— Tiens. Et dis à Srimati Devi (le vrai nom de Mamoni) d'aller vite chez le potier acheter des *deepas* neuves.

À nouveau, Prem fit oui en silence.

Mais tandis qu'elle hochait la tête, une idée bien meilleure lui venait.

Bijoy Rai avait parlé de la *mela*, la *mela* de Pasanghar avec ses manèges, ses balançoires, ses conteurs, ses magiciens… Eh bien ! elle avait son idée : elle irait à la *mela*, et elle en rapporterait les *deepas* elle-même.

Chapitre 4

Aller à la *mela*, mais comment ?

Elle y réfléchit tout le long du chemin qui la ramenait chez elle.

Le lendemain, Mamoni devait passer la journée entière à la Grande Maison, pour aider Paru Didi à cuisiner. À l'occasion des fêtes, Bijoy Rai recevait toujours une foule de visiteurs. Il en venait toute la journée, et le zamindar leur offrait des montagnes de bonnes choses qu'il fallait bien préparer – sans parler du feu d'artifice offert à tout le village pour le soir de Diwali.

En l'absence de sa mère, Prem serait chargée de veiller sur sa petite sœur dès le début de la matinée. Mamoni leur laisserait un repas de midi tout prêt : un grand bol de riz cuit, du lait pour l'humecter, et un peu de mélasse – du sirop de sucre brun, résidu de canne à sucre.

Meetu n'était pas un problème : Prem n'aurait qu'à la conduire chez son amie Shanti. Shanti et sa mère adoraient Meetu. Elles étaient toujours prêtes à la garder.

— J'ai à faire, leur dirait Prem.

Après tout, acheter des *deepas* était bien quelque chose *à faire*, et même quelque chose d'important. Prem n'aurait pas à mentir ni à fournir plus de précisions : Shanti et sa mère la croiraient à la Grande Maison, et jamais ni l'une ni l'autre n'oseraient aller la chercher là-bas.

— Je te rapporterai quelque chose de bon, promettrait Prem à Shanti.

Tenir parole serait facile : Mamoni ne manquerait pas de rapporter quelques douceurs des surplus de la Grande Maison. Même Paru Didi le permettait, les jours de fête.

Jusque-là, tout était simple, mais... Prem s'immobilisa. La *mela* était à Pasanghar et Pasanghar était loin : cinq kilomètres, disait Ravi. À l'entendre, c'était beaucoup.

Bien sûr, il y avait forcément quelques habitants du village qui allaient là-bas aussi. Mais comment leur demander une petite place dans leur charrette ? Ils risquaient de tout dire à Mamoni. Il y avait bien les grands garçons, aussi, la petite bande de garnements un peu plus âgés que Ravi. Sûrement ils allaient à la fête, tous ensemble dans une charrette. Mais mieux valait ne rien leur demander, à eux non plus. Ils étaient beaucoup trop taquins, et que faire s'ils s'avisaient de chiper le sac de roupies ?

À la tombée de la nuit, quand Ravi revint avec Dhala, Prem se glissa dans l'appentis où son frère trayait la vache.

— Dada (grand frère), demanda-t-elle. Tu penses aller à la *mela*, demain ?

Elle aurait bien dû se douter qu'il n'en était pas question !

— *Pagli !* Maligne ! Et Dhala, hein ? Qui s'occuperait d'elle ?

— Tu pourrais… (Elle avait failli dire « on pourrait »…) Tu pourrais y aller sur son dos.

Un éclair passa dans les yeux de Ravi, et Prem devina combien il aurait aimé aller à la *mela*, lui aussi. Mais il se rembrunit aussitôt.

— Et elle mangerait quand, elle, la pauvre ? En marchant, peut-être ? Ou en ville ? C'est toi qui vas lui acheter du foin ?

Ravi n'était d'aucun secours.

Il ne restait qu'une solution : aller là-bas à pied. C'était faisable ; Ravi l'avait dit. Mais combien de temps fallait-il ? La moitié de la journée ?

C'est alors que Prem songea au facteur.

Tous les matins il venait de Pasanghar sur sa bicyclette, le courrier du village dans sa musette – c'est-à-dire, pour l'essentiel, des lettres et des paquets pour Bijoy Rai. Et comme le zamindar aimait recevoir son courrier de bonne heure, le facteur était matinal et il repartait tôt. Il repassait devant chez Prem, en route pour la ville, en début de matinée – mais tout de même longtemps après le départ de Ravi et Dhala, et celui de Mamoni, pour la Grande Maison, les jours où elle travaillait là-bas. Dans l'intervalle, Prem aurait tout le temps d'emmener Meetu chez Shanti et de se préparer elle-même.

Après quoi elle irait se planter dans la ruelle, au bas du jardin, pour y guetter le facteur en route pour Pasanghar.

Elle espérait que ce serait le plus jeune, Arun. L'autre était plutôt renfrogné, mais Arun avait le rire facile. Mamoni lui offrait souvent un peu de lait de coco, et il s'arrêtait volontiers pour bavarder un instant. Surtout, Prem en était sûre, il n'irait pas poser

des questions de grande personne, des pourquoi et des comment et des ta-mère-est-au-courant ?

S'il vous plaît, pria-t-elle tout bas à l'intention de la déesse Kali. S'il vous plaît, faites que ce soit Arun.

Chapitre 5

Si seulement j'avais de quoi me faire belle…

Prem revenait de chez Shanti, où elle avait laissé Meetu ravie, et se préparait à son tour.

Elle avait beaucoup trop grandi pour ses robes de fête du temps de Bapi – Mamoni les gardait pour Meetu, au fond de la malle, soigneusement pliées. Prem n'avait que deux robes en tout, l'une au lavage, l'autre sur elle, toutes deux un peu fanées. Elle n'avait rien d'autre à se mettre… et pourtant si, elle s'en souvenait soudain ! Mais allait-elle oser seulement ?

Le cœur battant, comme une voleuse, elle alla à la malle de fer, l'ouvrit et inventoria la pile. Là, parmi les vêtements pliés, elle trouva ce qu'elle cherchait, enveloppé dans du papier de soie : un sari d'enfant et un petit corsage que Mamoni avait portés à son âge. Elle les gardait pour Prem, elle l'avait toujours dit. Mais l'occasion de les mettre tardait à venir…

Le sari était en mousseline rose vif à fleurs d'or avec un galon d'or tout autour, le corsage en fil doré assorti.

Se draper dans un sari, Prem savait le faire : on l'enroulait autour de ses hanches, on le nouait à la taille en faisant des plis sur le devant – là, elle eut beau s'évertuer, les plis refusèrent de retomber aussi joliment que sur Mamoni… Ensuite, on prenait le grand pan qui restait, et on le faisait passer dans le dos pour revenir sur l'épaule droite, pendant librement.

Voilà, ce n'était même pas de travers.

Elle se passa un peu d'eau sur le visage et les mains, recoiffa ses longs cheveux noirs, pendit à son cou le petit sac de roupies, caché sous le pan de son sari, puis elle sortit au jardin, cueillit une fleur de *champa* pour se la caler derrière l'oreille et attendit.

À l'abri de ses murs d'argile, le petit jardin clos somnolait dans la tiédeur du matin. Sur le sol, des nattes de roseau attendaient qui voulait s'asseoir, non loin du balai de ramilles adossé au mur. Deux grandes cruches de terre, les *gamalas*, étaient rangées côte à côte dans l'ombre. Chaque matin, Mamoni allait les emplir d'eau au robinet de la place et les rapportait sur ses hanches.

Des lianes fleuries drapaient les murs, les courges rampantes ouvraient grand leurs corolles jaunes, et le *champa* aux fleurs de cire exhalait son parfum entêtant. Il y avait aussi le petit pied de *tulsi*, le basilic sacré sur sa tablette d'argile, avec la lampe à huile que Mamoni allumait le soir, le temps de souffler dans le grand coquillage, houllalou, houllalou, pour dire adieu au jour et saluer la nuit…

Mais on était le matin et Prem attendait, sur le qui-vive, le crissement du vélo dans la ruelle.

« Oh, s'il vous plaît, s'il vous plaît, faites que ce soit Arun. »

C'était Arun. Elle l'entendit siffler de loin – personne ne sifflait comme Arun – et se rua sur le chemin, de crainte de le laisser passer. Il roulait toujours à fond de train.

— Arun ! Arrête-toi, s'il te plaît ! Arrête, arrête !

Il freina sec, en pestant fort et dérapant dans la poussière.

— *Aré dushtu !* Bon sang, maligne ! J'ai failli te rouler dessus !

— Arun, est-ce que... Tu voudrais bien m'emmener à la *mela*, s'il te plaît ?

Arun la toisa de la tête aux pieds. Prem espérait vaguement qu'il allait dire « Te voilà bien jolie, dis donc ! » mais il n'y songea même pas. Sa tournée terminée, il n'avait qu'une idée : rentrer à Pasanghar pour aller à la *mela*, lui aussi.

Il se tourna vers le porte-bagages sur lequel il fixait sa musette. Il détacha la musette vide et l'accrocha au guidon.

— Monte, dit-il simplement.

Prem ne se le fit pas dire deux fois.

Jamais elle n'aurait pensé filer un jour à pareille allure entre les rizières, soulevant à l'avant des vols d'oiseaux blancs et à l'arrière une traînée de poussière. Des hommes occupés à réparer un moulin les saluèrent au passage, et Arun, sans ralentir, répondit d'un grand signe de bras.

Puis le vélo déboucha sur la route et prit encore de la vitesse, doublant des charrettes pleines de villageois, à grand renfort d'échanges de saluts.

Prem aurait bien aimé saluer, elle aussi, mais elle se cramponnait ferme à la veste

d'Arun, son sari claquant au vent comme un drapeau impatient.

— *Tarra, rarra, tara !* se mit à chanter Arun.

— *Tarra, rarra, ra*, reprit Prem.

— *Regarde la vie par le bon lorgnon !*

Et tout sera beau, et tout sera bon...

— Tout sera beau, tout sera bon... répéta Prem.

Lumière, lumière, chasse la nuit ;
Adieu les guerres, adieu l'ennui !
Adieu la grogne, adieu les cris !
Serre-moi bien fort et souris !

Prem n'aurait pas demandé mieux que de serrer Arun bien fort, mais elle avait les bras trop courts.

— *Tarra, rarra, tara !*

— Arun ? s'informa Prem, la chanson terminée. Tu iras voir la procession, à la *mela* ?

— Peut-être bien que oui, et toi ?

— Moi, il faut que j'y aille, dit Prem. J'ai un ami qui défile. Rajah. Il sera content de me voir.

— Toi ? Tu connais un rajah ? Alors là, tu m'en bouches un coin !

— Eh si. Parfaitement. Mon Rajah à moi, c'est un éléphant.

Prem aurait aimé parler de Rajah, mais

Pasanghar s'annonçait et Arun devait louvoyer entre les petits taxis à trois roues qui leur cornaient aux oreilles.

Arun allait plus vite que les pousse-pousse surchargés dont Prem n'avait plus que de vagues souvenirs ; il n'en venait jamais au village, les ruelles étaient trop étroites pour eux. Elle les trouvait jolis avec leurs capotes ornées d'étoiles et de fleurs de papier en l'honneur de la fête.

Puis ce fut la ville même, les maisons, les rues, les panneaux chargés d'inscriptions mystérieuses... Et tout à coup, sans prévenir, Arun serra ses freins à l'entrée d'une vaste esplanade couverte de tentes et noire de monde, écrasée de bruit, de couleurs, tandis qu'en plein ciel tournait, majestueuse, une grande roue bariolée, étincelante dans le soleil du matin.

— Voilà, dit Arun, mettant pied à terre. On y est. Hop, tu descends.

Chapitre 6

Arun s'était volatilisé et durant quelques secondes Prem resta figée. Il y avait là tant de gens qui circulaient en tous sens entre les tentes et les stands, et des enfants qui fusaient en poussant des cris perçants, et des chèvres, et des chiens, et des haut-parleurs qui bramaient, de la musique qui battait un peu partout à la fois, et des banderoles, des fanions, des guirlandes flottant au vent…

Il y avait des jongleurs aussi – on voyait leurs balles jaillir dans les airs au-dessus de la foule – et des conteurs dont on n'entendait que des bribes de récit derrière des remparts de badauds.

Des marchands ambulants brandissaient de longues perches, lourdes de grappes de jouets ou d'éventails en feuilles de palmier. D'autres, perchés sur des caisses de bois, énuméraient en litanie toutes les merveilles qu'ils avaient à vendre.

À la vue des enfants de son âge, Prem eut un pincement au cœur. Que le sari et le petit corsage dont elle avait été si fière lui semblaient vieillots, soudain ! Les filles portaient de jolies robes de fête avec des volants et des fronces, les garçons des vestes colorées. Prem revit en pensée les vieilles vestes brunes de Ravi et ses shorts tout rapiécés.

Mais l'ombre ne fit que passer. L'ivresse de la fête la reprit tout entière.

Je commence par acheter les *deepas* et ensuite, je cherche Rajah, se dit-elle en s'enfonçant dans la foule.

Nul ne prêtait attention à elle, mais elle ne savait où aller et demanda à une dame en bleu :

— Où est la procession, s'il vous plaît ?

— La procession ? Par là-bas, au fond. Mais ce n'est pas pour tout de suite. Seulement cet après-midi.

Seulement cet après-midi ! Prem avait eu l'intention de regarder la procession, d'acheter les *deepas* et de rentrer aussitôt.

Bah, tant pis, se dit-elle. Je vais d'abord acheter les *deepas*, et après ça j'attendrai.

C'est alors qu'elle aperçut les balançoires, entre un manège et des autos-tampons. Elle ne savait trop que penser de la grande-roue avec ses nacelles oscillantes, ni des jeux de massacre, ni des grands manèges haut perchés. Mais les balançoires alignées ranimaient de lointains souvenirs. Il y avait eu une balançoire dans le jardin d'*avant*. Prem s'y revoyait brusquement, poussée par Ravi. Et il lui semblait retrouver cette impression de s'envoler – en avant, en arrière, en avant… Plus haut, plus haut, toujours plus haut…

Et soudain, ce fut plus fort qu'elle.

Elle se coula dans la file d'attente, glissa la main sous son sari, subrepticement pour ne pas être vue, ouvrit le petit sac à tâtons et en sortit sa première roupie.

— *Deux* roupies, dit l'homme lorsque arriva son tour.

À regret, d'une main furtive, Prem sortit une seconde roupie. Elle se consola en songeant que si Ravi avait été là, il lui aurait donné raison.

C'était aussi merveilleux que dans son souvenir, peut-être même un peu plus encore – surtout si on fermait les yeux. Prem serait

bien restée sur cette balançoire pour un second tour, mais d'abord il fallait trouver un potier et acheter les *deepas*.

Après, on verra, se dit Prem résolument. D'abord les *deepas*.

Mais à trois pas des balançoires il y avait un manège. Pas un manège de géant comme les autres, plutôt un manège de fée, à l'échelle de ses huit ans. Et les montures étaient des cygnes, des tigres, des chameaux, des chevaux. Il y avait là un petit poney blanc, crinière au vent, avec des fleurs de toutes les couleurs peintes sur ses flancs de bois lisse.

Kee sundor, quelle merveille ! se dit Prem en le regardant tourner lentement, campé sur ses petits sabots rouges.

Elle glissa la main sous son sari et saisit deux autres roupies.

L'instant d'après, elle enfourchait le poney blanc, empoignait ses rênes grenat, et le plateau redémarrait doucement tandis que reprenait la musique.

Jamais encore Prem n'était montée sur le dos de Rajah, jamais autrement qu'en rêve. Elle avait chevauché Dhala, mais Dhala était lente et lourde. Et elle avait enfourché aussi le porte-bagages d'Arun, mais le vélo ne glissait pas comme un nuage à la façon du petit poney blanc, qui montait et redescendait tout en tournant avec ses frères. Non, rien n'était tout à fait semblable à ce petit poney blanc.

Kee sundor, *kee sundor*, chantait Prem dans sa tête.

Et le vent jouait dans ses cheveux, la musique s'égrenait, gracile, et les petits sabots rouges caracolaient sans bouger.

Ce fut un moment de joie pure et, quand tout s'arrêta, Prem ne descendit pas mais tendit au machiniste deux autres roupies.

Le second tour achevé, elle aurait bien replongé la main dans son petit sac, mais d'autres enfants attendaient, il fallait céder la place.

Comme elle caressait le poney avant de quitter le plateau, une grande fille d'au moins neuf ans l'écarta sans ménagement. C'était une bourrade qui semblait dire : « Et les *deepas* ? Hein, les *deepas* ? »

À quoi Prem elle-même ajouta : Il faut trouver où est Rajah, maintenant ; alors, fini de traînasser.

De l'autre côté de l'allée s'étirait une rangée de stands où l'on vendait… de tout, s'émerveilla Prem : des batteries de casseroles, des poêlons, des vêtements dans toutes les tailles.

Des gilets pour tout-petits se berçaient au vent, roses, violets, jaunes, bleus… Oh, que Meetu aurait aimé ce mauve ! Mais ils étaient hors de prix, Prem le savait d'avance.

À côté s'étalaient des saris – et Mamoni qui aurait eu tant besoin d'un sari neuf !

À propos de Mamoni, il y avait aussi un stand de bijoux avec des tas de bracelets colorés, des larges et des fins, de toutes les teintes. Il y avait des étals tout chatoyants de graines et d'épices, d'autres luisants de confiseries, d'autres où des cerfs-volants de couleurs vives ouvraient grand leurs ailes de papier.

Il y a bien un potier quelque part, se disait Prem, avançant toujours, lorsqu'un marchand ambulant lui barra soudain la voie.

Il lui tendait quelque chose, un petit moulin de papier épinglé au bout d'une baguette, avec des ailes rose et bleu qui tournaient mollement dans la brise.

— Tiens, *baba*, dit-il. Pour toi.

Pour moi, non, songea Prem aussitôt. Pour Meetu. Meetu n'avait jamais eu un seul jouet. Mais le petit moulin, apparemment, n'était pas un cadeau :

— Une roupie, dit le marchand. Une roupie seulement.

Une roupie, ce n'était pas beaucoup. Mais

d'abord les *deepas*, se rappela Prem. Après, on verra.

Mais en pensée elle vit luire les yeux de sa petite sœur, elle l'entendit gazouiller de joie. Alors, tournant le dos au marchand pour ne pas laisser voir son petit sac, elle en tira une roupie.

Son précieux moulin à la main, elle allait lentement entre les stands, toujours à la recherche d'un potier, lorsque lui parvint une odeur exquise, une chaude bouffée de friture sur fond de grésillement joyeux. Sous l'auvent voisin, un cuisinier faisait frire des *samosas*, des beignets fourrés de pomme de terre et d'épices. Ils étaient presque dorés à point.

Mmm, que cette odeur était bavarde ! Prem en avait le tournis, tant ce fumet la tentait. Elle avait laissé chez Shanti le lait, le riz et la mélasse prévus pour elle et Meetu, et à présent son estomac criait famine. « Il faut manger pour tenir bon », leur disait Mamoni parfois. Prem débattit en silence.

Il me reste encore des roupies, plaidait-elle avec elle-même. Et, surprise de sa propre audace, elle marcha droit vers le stand.

Le cuisinier la salua poliment et, sur sa demande, tira de la poêle un *samosa* crépitant qu'il déposa devant elle sur une feuille de bananier.

— Laisse-le bien refroidir, dit-il.

Mais Prem n'eut pas cette patience. À peine le *samosa* posé sur le comptoir, elle s'y attaqua sans souci de se brûler. Comme la plupart des enfants indiens, elle mangeait très proprement avec ses mains. Sitôt la dernière miette avalée, elle se lécha les doigts avec soin et demanda un second *samosa*.

Puis elle vit le marchand vendre de petits cônes emplis de quelque chose de blanc et crémeux.

— Qu'est-ce que c'est ?

— Du *kulfi*, dit le marchand.

Le *kulfi*, c'est la crème glacée en Inde. Prem n'en avait jamais vu, pas dans son souvenir en tout cas. Il ne venait jamais de marchand de glaces au village.

— Goûte, lui dit le marchand en lui tendant un cône.

Prem n'eut pas le temps de refuser : déjà elle y avait mis la langue. Et c'était bien trop bon pour dire non ! Elle n'avait jamais rien savouré de pareil.

— *Kee bhalo !* dit-elle. Rudement bon !

Le cornet terminé, elle en reprit un autre. Et puis un troisième.

— *Sandesh ?* demanda le marchand en lui montrant d'autres gourmandises, de petits cubes de fromage sucré ornés de papier d'argent. *Kee bhalo !*

Mais Prem hésitait. Alors elle se souvint de sa promesse à Shanti : « Je te rapporterai quelque chose de bon. »

— Une roupie seulement, la tenta le marchand.

Mais Prem revenait à la raison :

— Ça va faire combien, en tout ?

— Avec *sandesh* ?

— Un seul, se força à dire Prem.

Et elle s'en félicita, car elle eut un petit choc lorsque le marchand répondit qu'elle en avait, en tout, pour huit roupies et dix annas.

Maintenant, s'ordonna-t-elle, tu achètes les *deepas* tout de suite, tu trouves Rajah, tu regardes la procession, et hop ! à la maison.

Mais Prem n'avait pas l'habitude d'avoir l'estomac bien lesté, et mieux que bien lesté avec deux *samosas* et trois *kulfis*. À la maison, le repas terminé, on avait toujours un peu faim. Et le soleil était haut dans le ciel, et blanc, et cuisant. Prem avait soudain si sommeil qu'elle tenait à peine sur ses jambes. Après tout, sa journée, commencée tôt, avait déjà été bien remplie : préparer Meetu, la conduire chez Shanti, se faire belle, guetter Arun, s'agripper à sa veste tout le long du trajet, *Tarra-rarra-ra*, et là-dessus l'excitation de la fête, la balançoire, le poney aux sabots rouges, le festin…

Elle en était ivre de fatigue.

Contre la cloison d'un des stands s'adossait un banc de bois. Il était dans l'ombre, et libre. Prem jeta un coup d'œil autour d'elle, mais le flot de la foule s'écoulait dans l'allée, sans déborder vers ce cul-de-sac. Alors elle s'allongea sur la planche, le moulin de papier à côté d'elle et le pan de son sari bien serré sur son petit sac de roupies, encore confortablement lourd.

Deux minutes plus tard, elle dormait.

Chapitre 7

À son réveil, Prem cligna des yeux, un peu égarée.

L'après-midi tirait à sa fin, les lampes de la fête s'allumaient : guirlandes lumineuses le long des stands, guirlandes lumineuses sur les tentes, brillamment éclairées de l'intérieur. Dans la foule qui longeait l'allée, certains portaient des lampions, des lanternes. Les plus chanceux des enfants avaient des torches électriques, qu'ils faisaient clignoter à plaisir. La *mela* était plus belle que jamais, mais Prem s'affola.

J'ai dû dormir longtemps, se dit-elle.

Elle se leva d'un bond, se rua dans l'allée.

La procession ! Rajah !

Elle avait dû crier tout haut car un grand garçon lui lança :

— *Gadha !* Pauvre nouille ! Elle est passée, la procession.

— Passée ?

— Y a un bout de temps.

Le cœur de Prem sombra.

— Oh non.

— Oh si !

Trop tard pour voir Rajah. Trop tard. Rajah avec ses fleurs, ses étoiles. Rajah !

Elle en restait les bras ballants et c'est alors qu'une autre pensée terrible la frappa : le petit moulin de papier ! Le petit moulin pour Meetu ! Elle l'avait laissé sur le banc.

Elle voulut courir, mais la foule la freinait.

Le temps de regagner le banc, le petit moulin n'y était plus.

Pauvre Meetu ! Quelle déception ! Dans sa détresse, Prem oubliait que Meetu ne risquait pas d'être déçue : elle ignorait tout du petit moulin.

Non, il fallait lui en trouver un autre. Le marchand ambulant était loin, mais il devait bien y avoir un stand de jouets quelque part.

À nouveau, Prem parcourut l'allée… et il

y avait bel et bien un stand de jouets là-bas, un grand !

Les moulins de papier y fleurissaient sur un présentoir, des dizaines de petits moulins en bleu et rose, rose et vert, jaune et rouge – oh ! et que Prem aurait aimé avoir cette petite batterie de casseroles en cuivre, ou ce pantin de bois animé par des ficelles ! Et ce petit cheval ? Tout blanc, comme le poney du manège, et lui aussi orné de fleurs peintes sur ses flancs rebondis…

Non, se dit-elle, sévère. Tu as eu un tour de balançoire, deux tours de manège, un tas de bonnes choses. Meetu n'a rien eu.

Et Ravi non plus n'avait rien eu. Ni Mamoni.

Mamoni. La maison.

Sa gorge se serra. Il lui semblait avoir quitté Mamoni depuis des jours, Mamoni qu'elle revoyait vanner le riz patiemment, et remonter sur son bras grêle le bracelet de bronze tout usé.

Une fois de plus revint l'image des bracelets brillant aux bras de Mamoni, du temps de Bapi.

Je vais lui acheter un bracelet, résolut Prem. Pas en or, ce serait bien trop cher. En argent. Tout de suite. Là, maintenant.

Elle en oublia tout le reste et se hâta d'acheter un moulin, rose et bleu, comme le premier. Le marchand en demanda deux roupies, c'était deux fois plus que le précédent, mais Prem n'avait pas le temps de discuter. Elle prit son petit moulin et se fraya un chemin dans la foule, en direction du stand de bijoux qu'elle avait remarqué plus tôt.

Le marchand ne lui plaisait guère. Assis en tailleur dans sa tunique de soie, une petite toque brodée sur le crâne, il était gras et luisant, avec un regard oblique.

L'accueil ne fut pas meilleur :

— *Jao*, dit-il. Va-t-en. Pas de *baksheesh* pour les enfants.

— Je ne viens pas demander un *baksheesh*, répondit Prem, furieuse qu'il ait cru qu'elle mendiait. Je viens acheter un bracelet d'argent.

— D'argent ! Ne me fais pas perdre mon temps !

— Du vrai argent, confirma Prem.

Peut-être alors remarqua-t-il son sari, car il dit d'une voix radoucie :

— L'argent n'est pas pour les enfants.

— Mais ce n'est pas pour moi, non plus. C'est pour Mamoni.

— Achète-lui un bracelet émaillé, *baba*.

— Non. En argent.

Il se mit à rire. Quand il riait, son ventre sautait.

— Je ne ris pas, dit Prem, écœurée. Je veux de l'argent, ou je vais ailleurs.

— *Nah, nah*, non. Attends ! dit-il. Je crois que j'ai ce qu'il te faut par là... (Il fourragea dans son tas de bracelets, tira quelque chose du dessous de la pile.) Ah, voilà. Regarde : juste ce que tu cherches.

Il brandissait bien haut un bracelet d'argent.

Prem retint son souffle. Il était éblouissant, quoique pas tout à fait en argent pur : de petites pierres comme des têtes d'épingles captaient la lumière tout autour.

— Qu'est-ce que c'est, qui brille comme ça ?

— Des diamants, dit l'homme avec son sourire gras.

Des diamants. Prem ne savait pas ce que c'était. Elle en ignorait tout, sinon qu'elle n'avait jamais rien vu d'aussi beau. Elle s'assura pourtant :

— C'est bien du vrai argent ?

— Crois-tu que je te le vendrais, si ça n'en était pas ? (Il fit tourner le bracelet dans ses doigts.) N'est-ce pas qu'il est beau ?

— Oui. Oh oui ! s'écria Prem.

Il le lui fallait, il le lui fallait pour Mamoni.

— À combien il est ? demanda-t-elle, tremblante.

— Pour toi, dix roupies.

— Neuf, dit Prem, sans savoir ce qui la poussait.

À sa surprise, il accepta. Qu'il était gentil, finalement ! Elle ne vit pas que son ventre sautait doucement sous sa tunique. Il trouva même une petite boîte et mit le bracelet dedans avec un bout de papier rose.

Tout à son enchantement, Prem ne remarqua pas, en tournant les talons, combien sa petite bourse s'était faite légère d'un seul coup.

Chapitre 8

Elle avait le bracelet, elle avait le moulin. Elle voyait déjà la joie de Mamoni et de Meetu, elle la savourait d'avance.

Restait Ravi. Il fallait quelque chose pour Ravi. Lui qui aurait tant aimé venir à la *mela*, lui qui devait, tous les jours, s'occuper de Dhala, en plus d'aider Mamoni tôt le matin et tard le soir. Il fallait quelque chose à lui rapporter, à lui aussi.

Oui, mais quoi ? Il y avait bien des cerfs-volants, mais Ravi n'aurait jamais le temps de jouer avec un cerf-volant. Le stand voisin vendait des sacs et des portefeuilles, c'était peut-être une idée. Sauf que Ravi n'aurait rien à ranger là-dedans…

C'est alors que Prem repéra un stand tout

différent des autres. Même dans les rues de Pasanghar, depuis le porte-bagages d'Arun, elle n'avait rien aperçu de semblable : des livres, des livres par dizaines couvraient trois tables sur tréteaux !

Je vais acheter un livre pour Ravi, faillit-elle crier à voix haute. Pour qu'il n'oublie pas comment on lit.

Derrière une table, un jeune homme reprenait les livres à poignées pour les ranger dans des caisses.

— C'est ouvert ? s'enquit Prem, inquiète.

— Je ferme, répondit-il simplement.

Il ne ressemblait pas du tout aux autres marchands de la *mela*. Jeune, vêtu d'une tunique flottante, couleur d'ivoire, sur un large pantalon blanc, il était mince, le teint très sombre. Et il avait l'air malheureux, s'avisa Prem tout à coup ; malheureux de la même façon que Ravi.

— Personne n'achète de livres à une *mela*, conclut-il en achevant de remplir une caisse.

— Moi, si, lui dit Prem.

— Toi ? (Il abaissa un volet du stand.) Tu cherches un livre d'images ?

— Non. Un vrai livre, avec plein de choses à lire. C'est pour mon frère. Ravi, il s'appelle.

Il est vieux. Il a presque onze ans. Il était bon élève, avant, quand il allait à l'école.

— Ah ? Parce qu'il n'y va plus ?

Alors, sans savoir pourquoi, Prem raconta tout au vendeur. Elle lui dit que Bapi était mort, que Mamoni avait tout vendu, tous ses trésors l'un après l'autre, et que Ravi aussi avait vendu ses livres pour l'aider, et qu'à présent il n'avait plus rien à lire, plus rien du tout.

— Et il dit que bientôt il ne saura plus lire, il aura oublié, acheva Prem, des larmes aux cils.

— *Nah, nah !* Hé là, non ! protesta le jeune homme. Il ne faut pas qu'il oublie.

— Oh, il n'oubliera pas si je lui achète un livre.

— Je sais ! dit le jeune homme.

Il se dirigea vers une caisse, en tira un volume et revint l'ouvrir sous le nez de Prem.

— Celui-là, quand j'avais onze ans, je l'adorais. Il n'est pas tout neuf, mais en bon état.

Aux yeux de Prem, il semblait flambant neuf, et il avait fière allure avec sa reliure bleue frappée d'or. Quelques images en couleurs entrecoupaient les pages de texte, et Prem s'y plongea intensément, comme pour les obliger à lui livrer l'histoire.

— C'est plein de héros et d'aventures, dit le jeune homme, et regarde : il y a des questions à la fin, il pourra même écrire les réponses.

— Sauf qu'il n'a pas de crayon, dit Prem.

Il y avait longtemps déjà que Ravi était arrivé au bout de son dernier crayon et de sa dernière page de cahier. Il avait bien essayé d'écrire avec une brindille dans la poussière de la cour, mais le vent effaçait tout et la brindille se cassait. Il avait fini par renoncer.

— Il lui faudrait des crayons et du papier, dit Prem.

— Hm, fit le jeune homme.

Il alla vers une autre caisse et revint avec un cahier. C'était un cahier somptueux : couvert de coton rouge cousu de blanc, avec des galons à nouer.

— Tu vois ? dit le vendeur. C'est un cahier secret. Là-dedans, Ravi pourra écrire ce qu'il voudra, et pas seulement des exercices. Et personne n'y mettra le nez.

C'était l'idéal, bien sûr, mais Prem demanda, prudente :

— C'est combien ?

— As-tu quatre roupies pour le livre ? Le cahier, je te le fais à deux roupies.

Prem se doutait vaguement que l'ensemble devait coûter beaucoup plus.

— C'est trop ? s'enquit le jeune homme.

Mais rien n'était trop pour un livre aussi beau et un pareil cahier, surtout lorsque le vendeur posa deux crayons par-dessus en précisant :

— Les crayons, c'est moi qui les offre.

Alors Prem sortit sa bourse – quelque chose lui disait qu'auprès de ce vendeur elle n'avait rien à cacher – et elle en tira six roupies. Une fois de plus, elle exultait trop pour remarquer combien le petit sac s'était fait mou et léger.

Le jeune homme dénicha un vieux filet à provisions dans lequel ranger le tout, y compris le moulin de papier et la boîte au bracelet.

— Et maintenant, dit-il, rentre vite chez toi. Et dis à Ravi qu'il a bien de la chance. Plus que moi, en tout cas : il me faudrait une petite sœur comme toi.

Chapitre 9

Prem n'aurait pas demandé mieux que de rester un moment en compagnie du vendeur de livres : elle n'avait jamais vu tant de livres, ni aussi beaux, ni d'aussi près. Mais il s'était remis à fermer ses volets. Et puis il était tard, et grand temps de repartir.

Elle prit congé, marcha jusqu'au coin de l'allée – et s'arrêta net.

Un potier !

Il était occupé à peindre une grande Kali, noire et luisante, un sabre d'argent dans une main, et dans l'autre une tête de géant dégoulinante de sang vermeil. Cette déesse-là aurait mis en fuite toute une armée de démons, et pourtant ce n'est pas Kali qui arracha à Prem un petit cri : à ses pieds, deux grands paniers débordaient de *deepas*.

Elle posa son filet au sol, un peu rudement, atterrée. Les *deepas*. Elle avait oublié les *deepas*.

Et dire qu'elle était venue exprès !

Elle en aurait pleuré. Vite, elle sortit sa bourse. Le contenu tinta, c'était un joli son, mais ses doigts tremblaient fort en dénouant le lacet.

À l'intérieur, il n'y avait plus une roupie. Tout juste six annas. Six annas, rien de plus.

Six *annas* ! Même Mamoni, Prem le savait, ne pouvait pas acheter grand-chose avec six *annas*.

Malgré tout, c'était de l'argent, et les *deepas* ne devaient pas coûter bien cher. Timide, elle s'approcha.

— S'il vous plaît...

Le potier était trop absorbé pour l'entendre. Muni d'un pinceau fin, il peignait les sourcils de Kali.

— S'il vous plaît, dit-elle un peu plus fort.

— Oui, c'est pour quoi ? dit-il, continuant à peindre.

Il avait l'air bien moins gentil que le potier du village.

— S'il vous plaît, combien de *deepas* je pourrais avoir pour six annas ?

— Pour six annas ? Une.

Prem crut que la terre s'ouvrait sous ses pieds.

— Vous voulez dire... C'est six annas la pièce ?

— *Hain*, oui, dit le potier.

Prem ne pleura pas. Elle était trop écrasée pour pleurer. Une *deepa*, une seule. Elle voyait la petite lampe briller, esseulée, sur l'un des montants du portail, tandis que les maisons voisines scintillaient de mille lumières.

— S'il vous plaît, reprit-elle. S'il vous plaît, vous en avez tant...

— *Jao, baba*. Va-t-en, petite.

Durant une seconde ou deux, Prem resta clouée sur place. Amère, furieuse contre elle-même. Comment avoir été aussi sotte ? Elle aurait dû acheter les *deepas* et rentrer droit à la maison. C'est pour les *deepas* qu'elle était venue ! Mais alors, pourquoi ? Pourquoi ?

Oh, elle le savait, pourquoi. Mais elle le savait trop tard.

Et maintenant, il n'y aurait pas de *deepas*. À quoi bon en acheter une seule ? Une seule, c'était pire qu'aucune.

Alors un autre chagrin lui revint : elle n'avait même pas vu Rajah.

Elle avait gâché sa journée.

Songer à Rajah lui rappela Bijoy Rai. Qu'allait penser le zamindar ? Il lui avait donné trente-cinq roupies, et elle n'avait pas fait ce qu'il lui avait dit de faire. C'était peut-être le pire. Elle étouffa un sanglot.

Mais Prem avait le cœur vaillant, et son optimisme eut tôt fait de reprendre le dessus. Non, elle n'avait pas perdu sa journée : il lui restait les cadeaux, un plein filet de trésors à rapporter à la maison. Le petit moulin pour Meetu ; le livre, les crayons, le cahier relié pour Ravi ; et surtout le bracelet pour Mamoni, le bracelet d'argent…

Allons, leur jeter un coup d'œil ne pouvait que lui redonner courage.

Elle sortit la boîte au bracelet, l'ouvrit. Il était là, étincelant. Des diamants. C'était une merveille, un trésor. Jusqu'au moment où Prem se souvint. Ravi lui avait toujours dit :

— Si quelqu'un te donne une roupie, mords dedans pour voir si c'est une vraie. L'argent, c'est froid et dur.

Prem prit le bracelet, lui donna un petit coup de dents.

C'était mou, et plus tiède que froid. Du plas-

tique. C'était du plastique argenté, pas de l'argent !

Cette fois, elle pleura pour de bon, de lourdes larmes brûlantes. La foule, les lumières, la *mela*, tout semblait se moquer d'elle, comme l'avait fait le marchand bouffi, le marchand du stand de bijoux. Le voleur. Elle en avait la rage au cœur, mais que faire contre une grande personne ?

Elle pleurait, seule au milieu des rires, des appels, des éclats de voix, mais personne ne vint lui demander ce qu'elle avait. Qui se soucie d'une petite fille dans une foule en fête ? Mamoni, Ravi, Bijoy Rai… Ils étaient loin, très loin, et il n'y avait personne d'autre.

Personne.

Il faut rentrer, se répéta Prem, ravalant un dernier sanglot.

C'est alors qu'elle réalisa que, dans son plan si bien préparé, elle n'avait oublié qu'une chose : le retour.

Chapitre 10

Oh, que le secours d'une grande personne aurait été précieux ! Des grandes personnes, bien sûr, il y en avait là des centaines, mais pas un visage connu, personne pour s'inquiéter, pour se pencher sur elle.

Et que faire à présent ? Essayer de trouver une charrette prête à rentrer au village ? Oui, mais où, dans la cohue ? Il y avait tant de monde à la fête que Prem n'avait repéré aucune silhouette familière. Et puis, à qui s'adresser ? On risquait de lui poser des questions, voire de lui arracher ses trésors.

Demander de l'aide au vendeur de livres ? Il était parti depuis longtemps.

Il ne restait qu'à rentrer à pied.

Impossible, criaient ses jambes lasses ; impossible, criaient ses pieds nus.

Rien à faire. Il le fallait.

Le jour déclinait. Ravi devait être de retour à la maison avec Dhala. Meetu s'endormait, Mamoni faisait la cuisine. À la pensée de Mamoni, Prem eut un petit hoquet, elle reprit son filet et se mit en route.

Elle marcha, marcha, marcha. Il lui semblait avoir marché déjà sur des kilomètres qu'elle sortait à peine de la ville. Devant elle s'étirait la route, plate à perte de vue, au-dessus du miroir des rizières.

Était-il déjà si tard ? La route était étrangement déserte. Plus un vélo, plus une charrette. Tout du long, à peine un arbre, mais des dizaines et des dizaines de poteaux électriques. Prem essaya de compter les poteaux – une façon d'oublier la distance.

Soudain, quelque chose brilla sur la route. Comme un reflet mouvant. Un serpent, c'était un serpent qui traversait la chaussée, laissant un motif dans la poussière.

Prem se figea. Les serpents, elle les connaissait, mais de quelle espèce était-il ? C'était trop gros pour être un bongare, le serpent-corail à la morsure mortelle, mais ce pouvait être un cobra, guère plus plaisant à rencontrer. Ravi avait toujours un bâton, par prudence. Mais avec les serpents, d'ordinaire, le mieux était de ne rien faire, et ils vous laissaient tranquille. À moins, bien sûr, de leur marcher dessus.

Mais j'aurais pu lui marcher dessus, songea Prem, regardant le reptile disparaître paisiblement de l'autre côté de la route. Et quand il va faire nuit tout à fait, je pourrais bien marcher sur un autre.

Pourtant il fallait continuer. Déjà, elle ne distinguait plus les poteaux à l'horizon. Au Bengale, la nuit tombe très vite. Un instant, c'est le couchant, l'heure de la poussière des vaches. L'instant d'après, c'est la nuit.

Il n'y avait ni lumières ni lune – il n'y a *jamais* de lune pour Diwali. Seuls un dernier restant de crépuscule et surtout l'accoutumance de ses yeux à l'obscurité permettaient à Prem de distinguer la route.

Le silence s'était refermé sur elle. Pas un son, pas un cri. Comme si la nuit attendait.

Attendait, mais attendait quoi, sur cette route sombre et nue ? Chacun était rentré chez soi avant la tombée de la nuit.

Les pieds de Prem commençaient à traîner, le filet lui ballottait contre la jambe à chaque pas et ses anses lui sciaient les doigts. Elle allait de plus en plus lentement, comme on marche dans son sommeil.

Mais tout à coup un gros oiseau clair traversa la route dans un froissement d'ailes et Prem sursauta. Le volatile poussa un cri rauque, « Aôk ? Aôk ? » et son appel retentit longtemps au-dessus des rizières.

Durant quelques minutes, Prem marcha d'un pas plus vif, puis elle ralentit à nouveau et s'immobilisa tout à fait.

Là-bas, au bord de la route, luisaient deux yeux jaunes braqués sur elle. Des yeux d'animal, qui l'épiaient.

Qu'est-ce que c'était ? Un chacal, peut-être ? Est-ce que les chacals mangeaient les enfants ? Prem en avait entendu, la nuit, hurler aux abords du village. Mais les chacals chassaient en meute et il n'y avait là que deux yeux.

Alors elle se rappela ce que lui avait dit Ravi : ces temps derniers, à plusieurs reprises, on avait vu un léopard dans la plaine.

— Un léopard, ça se jette sur toi et ça te met en pièces, avait précisé Ravi.

Et maintenant, comment continuer ? Pas moyen d'aller plus avant sans passer devant cette paire d'yeux.

Le cœur aux abois, les jambes molles, Prem lança une prière muette.

Quelqu'un, oh, que quelqu'un vienne !

Quelqu'un, mais qui ?

Kali ! Si seulement Kali avait bien voulu descendre du ciel, avec ses quatre bras et son sabre.

« Kali, s'il vous plaît », implora Prem. Pour impressionner Kali, il fallait plus qu'un léopard. « Kali, ô Kali… »

Mais peut-être la déesse était-elle en colère ? Peut-être en voulait-elle à Prem pour n'avoir pas acheté les *deepas* ?

Rien ne vint.

Peut-être, se dit Prem, si je reste parfaitement immobile, la bête va finir par s'en aller.

Mais la paire d'yeux ne s'en allait pas. Elle semblait s'approcher, au contraire.

Prem ne sut jamais ce qui aurait pu se passer ensuite. Dans le silence de la nuit il lui sembla soudain entendre tinter quelque chose au loin.

Des clochettes, comme un son de clochettes. Et le carillon léger se rapprochait, sur fond de pom-pom régulier.

La paire d'yeux s'était figée, et elle disparut d'un coup lorsque se dessinèrent, derrière

Prem, les flammes dansantes de deux torches, de part et d'autre d'un palanquin haut perché.

Le palanquin luisait rouge, et là, sur la route rectiligne, tout harnaché de pompons, allait Rajah d'un pas tranquille, de retour de la *mela* avec Naleen sur sa nuque. Là-haut, dans le palanquin, se berçait le zamindar Bijoy Rai.

Prem était si petite dans la nuit que Naleen ne la vit pas. Ni Bijoy Rai, trop haut placé.

Mais Rajah s'arrêta net.

— *Aré ! Dushtu !* Vilaine bête ! cria Naleen à l'éléphant, et il lui donna une tape pour le faire repartir.

Rajah ne bougea pas d'une patte. À la place, il salua Prem en repliant sa trompe en boucle et, sans en attendre l'ordre, s'agenouilla sur la route.

La seconde d'après, Naleen sautait à terre, il cueillait Prem sous les aisselles et la tendait à Bijoy Rai, là-haut, dans le palanquin.

Chapitre 11

— *Premlata ! ?*

Bijoy Rai n'en croyait pas ses yeux.

— Premlata, mais que fais-tu ici ? À une heure pareille ? Et tu es toute frissonnante…

Il l'enveloppa dans son châle bien chaud et la nicha contre lui, comme une mère poule prend son poussin sous son aile.

Prem grelottait encore de terreur. La paire d'yeux au bord de la route continuait de luire dans sa tête.

— Allons, allons, roucoulait Bijoy Rai. *Ki holo, ki holo*. Tout va bien, n'aie pas peur.

Alors il aperçut le précieux filet à provisions, et le petit moulin de papier qui dépassait au bout de sa baguette.

— Tu es allée à la *mela* toute seule comme une grande !

— Oui, souffla Prem.

— Pour acheter les *deepas* à la place de Mamoni ?

— Oui… Enfin, non. (Elle se débattit pour se libérer du châle et s'assit bien droite.) Zamindar Babu. Je n'ai pas acheté de *deepas*. Pas une.

— Mais je t'avais donné trente-cinq roupies.

— Je sais. Oh, je sais.

Les sanglots étaient de retour.

Il ne dit rien, la reprit dans son châle, l'emmitoufla bien et murmura :

— Raconte.

Alors, dans le balancement du pas de l'éléphant, Prem raconta tout.

Lorsqu'elle eut expliqué comment elle avait confié Meetu à Shanti, puis guetté Arun dans la ruelle, Bijoy Rai observa :

— Tu ferais un excellent général d'armée, ma foi. Tu sais tirer des plans, au moins.

Alors elle lui raconta tout le reste – la *mela*, les balançoires, le manège, les stands, et comment les roupies, sans prévenir, s'étaient envolées du petit sac.

— Je les ai toutes dépensées, toutes. Et

quand j'ai regardé il ne restait plus que six annas.

— Exactement ce que j'aurais fait moi-même, dit Bijoy Rai.

— Mais c'était mal. Je n'aurais pas dû, se reprit à sangloter Prem.

— Fais voir tous ces beaux cadeaux.

Elle lui montra le petit moulin.

— Meetu n'a jamais eu de jouet, jamais.

Puis elle sortit de sa boîte le bracelet pour Mamoni.

— Ce n'est même pas du vrai argent, pas comme ceux qu'elle a vendus, elle ! avoua Prem dans un sanglot. Mais le bonhomme disait que les petites pierres étaient des diamants...

Elle n'en était plus si certaine.

— Pour Mamoni, ce seront des diamants, assura Bijoy Rai.

Lorsqu'elle en arriva au livre pour Ravi, Prem retrouva son entrain :

— Avec ça, il ne risque plus de désapprendre à lire.

— *Désapprendre* à lire ? répéta Bijoy Rai. Mais comment ? En classe il lit, sûrement.

— En classe, il n'y va pas.

— Il ne va pas à l'école ?

— Il n'a pas le temps. Il faut qu'il s'occupe de Dhala.

— Dhala ?

— Notre vache. Maintenant, de toute façon, il est garçon vacher, il dit. Il a vendu ses livres pour donner l'argent à Mamoni.

— En est-elle vraiment là ? murmura Bijoy Rai, comme la veille dans l'enclos de Rajah, et cette fois encore très bas, comme pour lui-même. Que les dieux me pardonnent ! Je ne suis qu'un gros fainéant...

— Non, non, protesta Prem. Zamindar Babu, nous, on t'aime.

Il ne répondit pas. Il lui pressa l'épaule et dit après un silence :

— Garde ces cadeaux bien secrets jusqu'à demain. C'est bon d'offrir des cadeaux pour Diwali.

Diwali ! Tout le chagrin de Prem, toute sa honte lui revinrent d'un coup. Diwali, et pas de *deepas* ! Pas de *deepas* à la maison !

Mais elle n'eut pas le temps de se remettre à pleurer : ils arrivaient à la Grande Maison.

Au portail, Bijoy Rai dit à Naleen de faire halte et donna ses ordres au gardien :

— Cours chez Srimati Devi, et dis-lui que Prem *baba* est avec moi, saine et sauve. Dis-lui que je la lui ramène dès qu'elle aura pris quelque chose de chaud. Oh, et commande un pousse-pousse.

Il se tourna vers Prem :

— Je te ramènerais bien chez toi sur Rajah, mais pour lui la journée a été assez longue. Il a mérité son souper.

Rajah s'agenouilla devant les marches de la maison. Naleen souleva Prem comme une plume et la déposa sur le plancher de la galerie.

Prem était là, plantée, encore un peu étourdie, aveuglée par la lumière électrique, lorsque Paru Didi surgit en criaillant :

— Ah ! vous avez Premlata !

Bijoy Rai ne l'entendait pas. Il était trop occupé à régaler Rajah de tiges de canne à sucre.

Paru Didi se tourna vers Prem.

— Où étais-tu, hein, vilaine fille ? Vilaine ! Faire une peur pareille à ta mamoni ! Tout le village est sens dessus dessous. Tout le monde te cherche. Et regarde-moi dans quel état tu es ! On peut dire que tu es belle, ah, ça oui !

Prem avait en effet piteuse mine : le joli sari, tout fripé, avait viré au brun poussière et ses cheveux emmêlés lui retombaient sur les yeux – la fleur de *champa* s'était envolée depuis longtemps. Les larmes achevaient de zébrer son petit visage barbouillé de crasse et à nouveau elle grelottait de la tête aux pieds.

Paru Didi se prit à la secouer.

— Hein ? Où étais-tu, vilaine ? Où étais-tu ? Réponds ! Tu vas répondre à la fin ?

— Paru Didi, suffit. Pas maintenant, coupa Bijoy Rai qui venait de souhaiter bonne nuit à Rajah. Elle n'en peut plus. Va plutôt lui faire un bon thé, avec du lait chaud et beaucoup de sucre.

— Du thé ? Pour cette petite traînée ? Zamindar Babu, vous n'imaginez pas combien cette gamine est vicieuse. Et insolente, avec ça ! Pas plus tard qu'hier, tenez, j'ai dû lui donner une gifle.

— Une gifle ? À l'enfant d'un autre ?

— Mais oui ! Figurez-vous...

— Paru Didi, un thé !

Quand Bijoy Rai prenait ce ton-là, même Paru Didi filait doux. Sitôt qu'elle eut disparu, il se tourna vers Prem.

— Qu'avais-tu fait, dis-moi, pour mériter cette gifle ?

— Elle voulait me donner seulement trente-deux roupies pour les fromages et le lait caillé de Mamoni.

— Combien de fromages et de lait caillé ?

— Trois pots de lait caillé, deux fromages.

— Trente-deux roupies pour trois pots de lait caillé, deux fromages ? Ça me paraît bien peu, dis-moi !

— C'est ce que j'ai trouvé ! Alors je l'ai dit.

— Et qu'as-tu fait, après cette gifle ?

— Je l'ai mordue, avoua Prem d'un filet de voix.

Elle s'attendait à le voir bondir, furieux, choqué. Mais il lui sembla plutôt l'entendre glousser tout bas.

À cet instant, des pas gravirent l'escalier quatre à quatre et Ravi déboucha sur la galerie, dans la lumière électrique.

Il eut un sursaut en voyant sa sœur.

— Prem ! Prem est avec vous !

Mais au lieu de se fâcher il la souleva, la serra de toutes ses forces. Il avait les yeux rouges, comme s'il avait pleuré, lui aussi.

— On te croyait perdue... enlevée... Zamindar Babu, merci, oh ! merci pour l'avoir ramenée.

— Je ne l'ai pas ramenée du tout. Elle est revenue toute seule. Toute seule, jusqu'au moment où Rajah l'a repérée. Ah, heureusement qu'il a de bons yeux, celui-là !

Là-dessus, Paru Didi entra avec un plateau

de thé fumant. Elle avait entendu Ravi et prévu deux timbales de métal pour les enfants et une tasse de porcelaine avec sa soucoupe pour le zamindar.

Elle posa le plateau d'un coup sec sur la table de rotin et ouvrit la bouche pour une déclaration, mais Bijoy Ray coupa net :

— Merci, Paru Didi. Ce sera tout. Tu peux aller.

Elle se soumit à regret.

Le thé était brûlant et délicieusement sucré. Bijoy Rai dit à Ravi :

— Prends-en aussi. Il y en a pour toi. Tu as l'air à peu près aussi épuisé qu'elle.

— Zamindar Babu, il faut que je la ramène à la maison. Tout de suite. Mamoni m'a dit…

— J'ai fait appeler un pousse-pousse. Vous serez chez vous plus vite que si vous partiez dès maintenant à pied, et de toute façon Prem n'a plus de jambes. Par-dessus le marché, Ravi, pendant que tu bois ton thé, tu vas pouvoir éclaircir pour moi deux ou trois choses que ta sœur m'a dites et que je m'explique mal. Comment se fait-il que votre Mamoni ait vendu tous ses bijoux et jusqu'à vos *deepas* ? Et toi, pourquoi as-tu vendu tes livres ?

— Pour l'argent, répondit Ravi, laconique.

— Mais je paie Srimati Devi pour les heures qu'elle fait ici aux côtés de Paru Didi. Je la paie chaque semaine.

— Oui, mais non ! s'écria Prem à qui le thé rendait son aplomb. Quand Mamoni fait le ménage ici, c'est pour payer la maison. C'est Paru Didi qui le dit.

— *Quoi ?*

Il y eut un silence choqué.

Alors Ravi prit la parole, très poli, d'un ton de grande personne :

— Euh, excusez-moi, Zamindar Babu. Mais… cet argent, vous le donnez à Paru Didi, ou directement à Mamoni ?

Bijoy Rai les regarda tous deux et siffla entre ses dents.

— Je vois, murmura-t-il très bas. Je vois…

Là-dessus, Paru Didi resurgit. Curieuse de savoir ce qu'ils se disaient, elle avait trouvé une excuse pour ressortir sur la galerie. Elle tenait un panier à la main, manifestement bien rempli.

— Que veux-tu ? s'enquit Bijoy Rai d'un ton dur.

— Rien, Zamindar Babu, mais demain c'est Diwali. Il faut bien que je prépare la maison. Il y a le ménage à faire en grand, alors je commence par nous débarrasser des vieilleries.

— Quelles vieilleries ?

— Nous avons l'électricité, maintenant, dit-elle comme pour narguer les enfants. Avec nos guirlandes lumineuses, nous n'avons plus rien à faire de ces saletés qui nous encombrent. Je m'en vais les jeter sur le tas d'ordures.

— Quelles saletés ?

— Les vieilles *deepas*.

Pour confirmer ses dires, Paru Didi inclina son panier. Il était plein de petites lampes de terre cuite, chacune avec son bout de mèche.

Prem poussa un cri étranglé, et traversa la galerie d'un trait.

— Des *deepas* ! Oh, Paru Didi, ne les jette pas. S'il te plaît, ne les jette pas. Donne-les-moi, Paru Didi. Paru Didi, je t'en supplie…

— Laisse-moi passer.

— Donne-les-lui, trancha Bijoy Ray. Quelle différence cela fait-il pour toi ?

Mais Paru Didi tenait son panier bien haut.

— Je ne donne rien aux vilaines filles.

Alors Prem pourtant si lasse se redressa de toute sa hauteur, les yeux brillants, le menton fier. On aurait dit qu'elle avait grandi depuis le matin, et Bijoy Rai et Ravi, abasourdis, l'entendirent déclarer d'une voix claire :

— Paru Didi, ce n'est pas pour moi. C'est pour la déesse Kali. C'est elle qui les envoie, je crois. Alors, donne-moi ce panier.

Et Paru Didi le lui donna.

Chapitre 12

Du trajet de retour en pousse-pousse, Prem ne garda aucun souvenir. Elle s'était endormie chez Bijoy Rai, et ne s'éveilla pas lorsque Mamoni, muette, la mit au lit en pleurant de joie, après lui avoir retiré le petit corsage et le sari.

Elle dormit d'un trait toute la nuit, puis une partie de la matinée, et Mamoni eut bien du mal à tenir les voisins à l'écart. Le remue-ménage de la veille avait mis tout le village en émoi, et chacun voulait entendre Prem donner sa version de l'aventure.

Prem dormit de toutes ses forces, mais lorsqu'elle s'éveilla…

Jamais fête de Diwali n'avait été plus réussie.

Pour commencer, Prem dut conter en détail

sa journée à Pasanghar, d'abord à Mamoni et Ravi lorsqu'elle leur offrit leurs cadeaux.

Meetu était assise, toute sage, captivée par son petit moulin. Les yeux de Mamoni s'embuèrent une fois de plus lorsqu'elle ouvrit la boîte au bracelet.

— Pour moi, ce sont des diamants, dit-elle.

Comme l'avait prédit Bijoy Rai.

Quant à Ravi, il resta muet devant le gros livre à reliure bleue, le cahier à secrets, les crayons. Lorsqu'il recouvra sa voix, ce fut pour dire, bien à sa façon :

— *Pagli !* Maligne ! Tu m'étonnes si, après ça, il ne te restait plus une roupie !

Et après un silence il ajouta :

— Jamais je ne vendrai ce livre. Ni le cahier, ni rien de tout ça. Je les garderai toute ma vie.

Après quoi le village défila pour entendre le récit de « la petite qu'on croyait perdue ».

Même le prêtre vint, et il la bénit.

— C'est la grande Kali qui t'a protégée et t'a ramenée saine et sauve.

Prem ne le contredit pas.

Certains, surtout parmi les femmes, la traitèrent de vilaine-fille-qui-avait-fait-peur-à-tout-le-monde ; les hommes dirent plutôt qu'elle avait du cran, et tous furent d'avis que la paire d'yeux dans la nuit était celle d'un léopard.

— Grands comme ça ? Et jaunes ? Que voulez-vous que ce soit d'autre ?

Dans l'après-midi, Prem et Mamoni mirent en place les *deepas* sur les murs du petit jardin et sur les piliers du portail, puis à l'entrée de la maison, sur le rebord de la fenêtre, et tout autour du pied de *tusli*. Elles en avaient tant que Prem courut en porter à Shanti, avec le *sandesh* promis.

À la vue du papier d'argent, Shanti fut en extase.

— C'est bien trop joli, dit-elle. Jamais je ne pourrai le manger.

— Bien sûr que si, tu vas le manger, lui dit Prem. Tu n'auras qu'à garder le papier.

De retour à la maison, la vue de toutes ces *deepas* alignées la fit redoubler de joie. Elle prit sa mère à témoin :

— C'est rudement beau, tu ne trouves pas ? Kali va être contente.

Alors Ravi, solennel, lui annonça qu'il avait une surprise pour elle. Mamoni était déjà dans le secret, mais c'était au tour de Prem de savoir. La veille au soir, comme elle dormait déjà, Bijoy Rai avait déclaré :

— Dis à ta mère que je serais très heureux de vous avoir tous trois ici demain soir, pour les illuminations et le feu d'artifice. Je viendrai vous chercher avec Rajah à la tombée de la nuit. Dis-lui de se tenir prête, de vous tenir prêts tous quatre.

À l'heure dite, ils étaient prêts. Mamoni avait trouvé le temps de lessiver et de faire sécher le petit sari et le corsage. Elle avait lavé et peigné les longs cheveux noirs de Prem, et glissé derrière son oreille une fleur de *champa* toute fraîche. Elle était allée dans la cour allumer la petite lampe devant le pied de basilic sacré et souffler dans la conque – houllalou, houllalou. Et elle avait trouvé pour Meetu une jolie petite veste mauve, un peu grande, qui avait appartenu à Prem.

Meetu refusait énergiquement de se séparer de son moulin, aussi était-il du voyage. Ravi portait une chemise de soie que Mamoni avait confectionnée pour lui, des mois plus tôt, en retouchant une chemise de Bapi. Elle-même n'avait à se mettre que l'un de ses vieux saris de coton – le plus beau, fin et propre. Elle portait son bracelet neuf, et les diamants, vrais ou faux, brillaient de toutes les lumières du soir.

Ravi avait paré Dhala d'une couronne

d'œillets d'Inde sur ses cornes. Elle aussi avait des *deepas* le long du muret de son appentis.

— Dommage que tu ne puisses pas venir, dirent les enfants à la vache.

Ils achevaient d'allumer les toutes dernières *deepas* lorsqu'ils entendirent un concert de clochettes. Une minute plus tard, Rajah était là, dans tous ses atours comme la veille et, du haut de son palanquin, Bijoy Rai les attendait.

C'était un soir magique, si magique qu'aucun d'eux ne soufflait mot. Le pas berceur de Rajah avait endormi Meetu.

Ils avançaient en majesté, assis dans le palanquin au-dessus des jardinets et des toits ourlés de flammes dansantes. Sur le grand bassin du village flottaient de minuscules radeaux de fleurs, chacun illuminé de lampes à mèches – mille lumières reflétées sur l'eau. D'autres petites lumières festonnaient le toit du temple, qui luisait dans le soir comme de l'argent massif.

Au lieu d'aller droit à la Grande Maison, ils firent un tour par les rizières, et là aussi des milliers de *deepas* scintillaient le long des rubans de terre entre les champs d'eau. Là-haut, dans le ciel de nuit renversé comme un grand bol sombre, les étoiles scintillaient,

immobiles. Sûrement, avec toutes ces lumières, la déesse Kali ne pouvait que triompher.

À la Grande Maison, les guirlandes électriques accrochées par Paru Didi prodiguaient leurs couleurs vives, rouge, vert, jaune, bleu. C'était joli, s'avouait Prem, mais un peu endormi tout de même, sans petites flammes pour sautiller.

Ils s'attendaient à rentrer chez eux à l'heure du dîner, afin de regagner la Grande Maison plus tard, pour le feu d'artifice, mais Naleen dit à Rajah de s'agenouiller, et les aida tous à descendre.

— En attendant que tout le village arrive pour le feu d'artifice, annonça Bijoy Rai, nous allons fêter Diwali à nous cinq, à table.

Prem et Ravi étouffèrent un cri de joie et Meetu s'éveilla.

Bijoy Rai ouvrit la voie en direction de la salle à manger, mais Mamoni restait en arrière.

— Et Paru Didi ? s'inquiétait-elle. Elle ne risque pas de le prendre mal ?

Bijoy Rai répondit sans même se retourner :

— Paru Didi est partie.

— Partie ?

C'était un petit choc.

— Renvoyée ? hasarda Ravi.

— Ce matin même.

— Pauvre Paru Didi, murmura Mamoni.

— Pauvre, elle ? Surtout pas ! s'écria Bijoy Rai. Il s'en faut de beaucoup. Elle a su mettre de l'argent de côté, la futée. Srimati, dit-il en regardant Mamoni bien en face. Elle vous a volée pendant près de trois ans, et moi aussi, elle m'a volé pendant des années.

— Volé ?

— J'aurais dû m'en apercevoir, mais je suis bien trop négligent, et trop confiant, voilà ce qu'il y a. Elle achetait tout à moitié prix – tout le monde avait trop peur d'elle pour protester. Mais ensuite, à moi, elle me faisait payer le prix fort. Vous n'appelez pas ça voler, vous ? Je croyais vous payer, Srimati, en toute honnêteté je croyais vous payer, et confortablement, pour vos heures de travail dans cette maison. Chaque semaine je lui donnais de quoi vous payer.

— Et elle, pas bête, elle gardait tout ! résuma Ravi outré.

— Elle gardait tout en vous faisant croire, si j'ai bien compris, que d'après moi ce travail suffisait à peine à payer votre loyer.

Prem aussi était choquée, mais elle gardait

bouche close. Sans savoir pourquoi, sans comprendre, elle avait le cœur serré pour Paru Didi.

Le souper fut un festin. Il y avait là quantités de bonnes choses auxquelles les enfants n'avaient jamais goûté : du *loochi* – du pain frit, croustillant ; un curry de pommes de terre ; du *payesh* – un pudding au riz ; toutes sortes de fruits et, pour finir, des boules de fromage blanc crémeux enrobées de sirop doré. Comme boisson, on avait le choix entre citronnade fraîche et Coca-Cola.

— Un festin de rajah, dit Mamoni en essuyant les petites mains et le museau barbouillé de Meetu, quand plus personne ne put avaler une miette. Un banquet !

— Vous êtes bien placée pour en parler, Srimati Devi ! lui dit Bijoy Rai, malicieux. C'est vous qui l'avez préparé, pour l'essentiel, je vous le rappelle. Srimati Devi, je voulais vous demander… Accepteriez-vous de tenir cette maison, et de continuer à cuisiner pour moi ? Je vous serais très, très reconnaissant si vous acceptiez.

Mamoni esquissa le geste d'enfouir son visage dans le pan de son sari, comme le font les femmes en Inde en signe de timidité.

— *Neesh ! Choi*… murmura-t-elle. Oui, bien sûr, mais…

— Mais ?

— Zamindar Babu, les enfants…

— Je n'ai pas d'enfants, Srimati, rappela Bijoy Rai. Et leur Bapi était comme un fils pour moi. Un bon fils, et j'aimerais tant pouvoir faire quelque chose pour son grand garçon à lui, et ses deux petites filles. J'aurais dû mieux veiller sur vous, voilà longtemps que j'aurais dû, Srimati Devi. Je le pourrai si vous acceptez de venir vous installer ici avec eux.

Prem ne put se retenir :

— *Kee sundoor !* Merveilleux !

— Et il faut que Ravi retourne à l'école, reprit Bijoy Rai. À la grande école de Pasanghar.

— Pas moyen, objecta Prem. À cause de Dhala.

— Mon vacher veillera sur Dhala. Il en prendra bien soin, je t'assure. Ravi aura un vélo pour aller à Pasanghar.

— Un vélo, souffla Ravi, ébloui.

— Je suis sûr qu'il aura tôt fait de redevenir un excellent élève… Et toi aussi, demoiselle, il va falloir aller en classe.

— Moi ? oh non, s'écria Prem alarmée. Moi, il faut que je m'occupe de Meetu.

— Mamoni et moi serons deux pour veiller sur elle, assura Bijoy Rai.

Mais, voyant qu'elle tremblait, il ajouta :

— Si tu vas en classe, à ton retour, tu pourras aider Naleen à soigner Rajah.

La première fusée du feu d'artifice n'avait pas ouvert la fête que tout était arrangé.

— Mamoni, chuchota Prem lorsque sa mère se pencha sur elle pour lui souhaiter bonne nuit – leur dernière nuit dans la maisonnette : ils emménageaient dans la Grande Maison dès le lendemain. Mamoni, et *elle* ? On l'emmènera aussi ?

Du menton, elle désignait la petite Kali de terre cuite qui luisait noire dans l'angle de la *puja*.

— Évidemment. Il n'est pas question de la laisser.

— Et nous fêterons Diwali pour elle ?

— Tous les ans, tu penses bien.

— Oui mais... (Prem s'assit dans son lit, inquiète.) Pas seulement avec les guirlandes électriques de Paru Didi, hein ? Pas seulement avec ces lumières-là, dis ?

— Non, promit Mamoni. Avec des *deepas* aussi.

Castor Poche

Des livres pour toutes les envies de lire,
envie de rire, de frissonner,
envie de partir loin
ou de se pelotonner dans un coin.

Des livres pour ceux qui dévorent.
Des livres pour ceux qui grignotent.
Des livres pour ceux qui croient ne pas aimer lire.
Des livres pour ouvrir l'appétit de lire et de grandir.

Castor Poche rassemble des textes du monde entier ; des récits qui parlent de vous mais aussi d'ailleurs, de pays lointains ou plus proches, de cultures différentes ; des romans, des récits, des témoignages, des documents écrits avec passion par des auteurs qui aiment la vie, qui défendent et respectent les différences. Des livres qui abordent les questions que vous vous posez.

Les auteurs, les illustrateurs, les traducteurs vous invitent à communiquer, à correspondre avec eux.

Castor Poche
Atelier du Père Castor
4, rue Casimir-Delavigne
75006 PARIS

Castor Poche, des livres pour toutes les envies de lire: pour ceux qui aiment le mouvement voici une sélection de romans d'aventure.

676 Les cornes du diable **Junior**

par Gary Paulsen

Bobbie est loin d'être ravie : cette année, sa cousine de Los Angeles vient l'aider à rassembler les vaches égarées. La chasse s'annonce mouvementée, d'autant que le taureau Diablo fait des siennes et que les frères Bledsoe veillent...

675 La malédiction des ruines **Junior**

par Gary Paulsen

Catastrophe ! William Crockett, archéologue responsable de fouilles au Nouveau-Mexique, a disparu ! Tout juste arrivés à San Marcos, ses enfants Katherine et Samet leur cousin Shala,se lancent à sa recherche. Ils découvriront des ruines imprégnées de mystères et de légendes...

674 Danger sur la rivière **Junior**

par Gary Paulsen

À contrecœur, Daniel se rend en minibus au camp de vacances du nid d'Aigle. Comble de malchance, il retrouve ses camarades de classe qui, jour après jour, lui mènent la vie dure. Mais tout change lorsque le minibus quitte la route et plonge dans la rivière...

673 Le tueur de Gorgone **Junior**

par Gary Paulsen

Warren Trumbull est un drôle de garçon. Avec son groin et ses oreilles pointues, il ressemble à un cochon. Un jour, l'agence de secours Prince charmant lui confie une terrible mission : exterminer une cruelle créature douée du pouvoir de transformer les humains en pierre...

672 La légende de la caverne **Junior**

par Gary Paulsen

À la recherche d'une statue indienne, Will et Sarah explorent la grotte de la Montagne Hantée. Mais deux dangereux malfaiteurs veillent, bien décidés à se débarrasser de témoins aussi gênants...

671 La Vallée du tonnerre **Junior**

par Gary Paulsen

Pendant les vacances, les jumeaux Jeremy et Jason aident leurs grands-parents à tenir le chalet familial. Bientôt, une succession d'événements étranges vient perturber la tranquilité des lieux.Les deux frères vont devoir se débrouiller seuls pour déjouer uncomplot diabolique...

658 Dans les trous, on trouve tout **Junior**

par Paul Thiès

Désiré est orphelin et personne ne veut de lui. Un jour pourtant, un personnage étrange l'adopte et lui confie une mission : prendre le sac magique et vendre des trous ! Désiré n'est pas au bout de ses surprises... Vous non plus !

657 Chasseur de stars **Senior**

par Klaus Hagerup

Qu'il est dur d'être soi-même ! A treize ans, Werner Simonsen, petit, timide, surnommé «Ver de terre», a peur des autres, du noir, de l'altitude et surtout des filles. Jusqu'au jour où Stella, star adulée d'un feuilleton américain, désire le rencontrer...

656 La société secrète **Senior**

par Henning Mankell

Joël a onze ans, presque douze. Très solitaire, il vit avec son père. Il veut découvrir son passé et celui de sa mère, absente. Pour parvenir à ses fins, il crée une société secrète qui lui permet de sortir la nuit et d'explorer les territoires inconnus du souvenir.

654 Le merveilleux voyage de Nils Holgersson à travers la Suède **Junior**

par Selma Lagerlöf

Pour s'être moqué d'un lutin de sa maison, Nils va être ensorcelé et devenir à son tour tout petit. Il accomplira un voyage extraordinaire à travers son pays, jusqu'en Laponie, tenant fermement par le cou Akka, un jars qui l'emporte dans les airs.

651 Le silence des ruches **Senior**

par Michel Le Bourhis

Lorsque Julien apprend la mort de son grand-père, il est triste. Bien sûr. Pourtant, dans ce deuil à cœur ouvert, l'espoir est là. L'espoir, ce sont les souvenirs et les secrets partagés...

650 Les rois de la combine **Senior**

par Sheila Och

Karel et Jarda ont un problème : ils sont pauvres. Comment le résoudre ? Très simple, pensent-ils, il faut gagner de l'argent : vente de tickets de tram, de vers de terre... Rien ne les arrête !

648 Victoire sur la peur **Senior**

parPhyllis Reynolds Naylor

La dernière fois que Doug a grimpé sur une corniche, il a eu la peur de sa vie. Depuis, il s'est juré de ne jamais recommencer. Pourtant, lorsque son frère disparaît dans la montagne, son courage n'a plus de limite.

644 68, boulevard Saint-Michel **Senior**

par D. Martignol-A. Grousset

La révolte gronde dans les rues de Paris en ce mois de mai 1968. Martial Manault habite au 68, boulevard Saint-Michel, au cœur des manifestations. Un soir, avec Chantal, une élève infirmière, il soigne un étudiant matraqué. Mais le jeune homme disparaît. Martial et Chantal se lancent à sa recherche au milieu des barricades.

641 Aliénor d'Aquitaine, une reine à l'aventure **Senior**

par Brigitte Coppin

Aliénor d'Aquitaine a dominé l'histoire du XIIe siècle. Reine de France, puis reine d'Angleterre, elle a connu le pouvoir, la gloire et la prison, sans jamais renoncer à ses rêves et ses ambitions. Laissons-la nous raconter son destin...

637 Moi Angelica, esclave **Senior**

par Scott O'Dell

Angelica est capturée en Afrique et vendue comme esclave dans une plantation aux Antilles. Que de souffrances et d'humiliations pour une jeune fille, que de rage aussi, et bientôt la rumeur court à travers toute l'île... Les esclaves se révoltent...

635 Sauvez Willy 3 **Junior**

par Todd Strasser

Jesse est presque un homme désormais. Il n'a rien perdu de sa passion pour les orques, et il travaille avec Randolph pour leur protection. Il retrouve Willy tous les ans. Mais leur route va croiser des pêcheurs prêts à tout pour capturer des orques. Max, un jeune garçon, va les aider de tout son cœur…

634 Yvain, le chevalier au lion **Senior**

par Camille Sander

Yvain, chevalier à la cour du roi Arthur, part chercher l'aventure qui le consacrera aux yeux de tous comme un brave. Un lion le suit partout, compagnon précieux pour affronter dragon, géant et démon qui le guettent...

633 Le petit chaperon rouge à Manhattan **Senior**

par Carmen Martin Gaite

L'histoire du petit chaperon rouge, vous la connaissez ? Oui, mais les temps changent ! Sara vit à Brooklyn, la galette est une tarte aux fraises, la grand-mère une chanteuse de music-hall mariée plusieurs fois, et le loup un pâtissier multimillionnaire...

632 Les moissonneurs de gloire **Senior**
par Thalie de Molènes
Pierre-Marie, le fils de François, s'engage au combat dans l'armée du consul Bonaparte; Louis-François de Ponchapt, le fils d'Edmée, se lance dans de sombres machinations... L'affrontement entre les deux hommes va-t-il faire éclater la famille Tibeyrant ?

630 Libraire de nuit **Junior**
par Jacqueline Mirande
En ce début d'automne, sur les berges de la Seine à Paris, les ntempéries rendent le métier de libraire ambulant difficile. Belle Humeur a l'intention de terminer sa carrière sur un gros coup : la vente prohibée d'exemplaires de *l'encyclopédie.* Exerçant déjà la profession sans autorisation, le petit libraire double les risques d'être arrêté par la police...

629 Piscine de nuit **Junior**
par Betsy Byars
Cet été, Retta a décidé de faire quelque chose de nouveau. Pourquoi ne pas profiter de la piscine du voisin ? En pleine nuit, elle entraîne ses deux frères pour une baignade clandestine qui promet d'être excitante...

628 Le secret du feu **Senior**
par Henning Mankell
Chaque flamme détient son secret et, en observant le feu, on peut y voir son avenir... Sofia, dont le destin a été bouleversé par la guerre qui ravage son pays, tente de redonner un sens à sa vie. Elle puise dans les flammes qui dansent un message d'espoir...

627 Des bateaux plein la tête **Junior**
par Alice Mead
Reeve a bientôt dix ans et, dans sa cité new-yorkaise, il est parfois bien tentant d'intégrer les gangs ou de tomber dans le piège des dealers. Mais le garçon a un rêve : devenir capitaine de bateau...

620 Dangers sur le fleuve rouge **Junior**
par Bertrand Solet
Khiêm et son père Pham sont enrôlés de force au Tonkin où les combats entre français et chinois font rage. Ils parviennent à s'échapper mais Pham disparaît. Aidé de ses amis saltimbanques, il part à sa recherche. Khiêm retrouvera-t-il son père ?

619 Sous le drapeau noir **Senior**
par Erik Christian Haugaard
Alors qu'il est en vogue vers l'Angleterre, William est kidnappé par l'infâme Barbe-Noire. Le pirate se prend d'affection pour le garçon et l'initie au combat, à l'abordage... Mais William ne pense qu'à s'évader.

616 Le gardien du chateau **Senior**
par Nadine Brun-Cosme
Trois nouvelles, Le gardien du château, Maël, La maison d'en bas, qui évoquent l'attente de l'autre, l'émoi de la rencontre, la douleur de l'absence, mais aussi la joie de la rencontre. Laissons les mots ouvrir la porte du souvenir, saisir les sensations fugaces du temps qui passe.

615 Le dresseur d'ours **Senior**
par Harriet Graham
Avant d'être apprenti-tanneur, Guillaume a connu la douceur d'une famille heureuse. C'était avant, avant la mort de son père, avant le remariage de sa mère... il y a si longtemps. Mais Guillaume a le don de dresser les ours, don très convoité en ces temps où les ours apprivoisés vont de ville en ville, de pays en pays... Guillaume part pour un long voyage avec une troupe de saltimbanques.

614 La vengeance d'Emily Upham **Junior**
par Avi
Le père d'Emily est ruiné et mêlé à une histoire de hold-up ! C'est beaucoup d'émotions pour la jeune et précieuse Emily. Seth Marple, un jeune va-nu-pieds, propose de l'aider. Mais quelle aide ! Entre Seth l'intrépide et la précieuse Emily la rencontre est explosive.

604 L'arbre à palabres **Junior**
par Régine Detambel
Sur l'arbre le plus haut, le plus vieux, le plus gros de l'épaisse forêt d'Amérique, cinq drôles d'oiseaux jacassent. Ils se racontent les histoires de Serge, le merle vert, de Dimitri l'ibis gris, de Tom Condor...
Chut ! Écoutons les oiseaux...

603 Le puits **Senior**
par Mildred D. Taylor
La sécheresse est terrible, elle a tari tous les puits de la région. Tous sauf celui des Logan, famille de fermiers noirs aisée. Les Logan partagent cette eau précieuse de grand cœur, avec tous. Mais en 1910, dans le Sud américain, les rancœurs contre les noirs persistent ; tout au long de l'été, la tension va monter...

602 L'album photo des Fantora **Junior**
par Adèle Geras
Ozzy, le chat des Fantora, conte les derniers épisodes de la chronique familiale. Les préparatifs en vue du mariage de la tante Varvara donnent lieu à une agitation savoureuse dans la maison.

601 La Corbille
Prisonniers des Vikings – Tome 4 **Senior**
par Torill T. Hauger
La Corbille a toujours été considérée comme une sorcière à la ferme du jarl. Crainte et haïe, elle a des dons de guérisseuse, précieux au retour des raids. Pourtant, sous cette apparence farouche, la jeune fille cache un cœur sensible et généreux, qui saura le découvrir ?

600 Le jour de la photo **Junior**

Par Corinne Fleurot

La Grande Catoche règne sur l'école. Décidée, voire tyrannique, elle domine la cour de récréation. Hélène vit dans l'ombre de son aînée, pourtant, le jour où la Catoche subira une grande humiliation publique c'est auprès d'Hélène qu'elle trouvera la force de faire face. Solidaires dans l'épreuve, les deux sœurs tisseront une vraie complicité.

599 Match nul **Junior**

par Avi

Comment peut-on détester le football ? C'est une idée saugrenue que partage pourtant une classe entière, et alors ? Alors, dans ce collège, le football est obligatoire. L'entraîneur n'est pas un fou de foot, lui non plus... Spectacle garanti pour le public.

590 Le champ de personne **Senior**

par Daniel Picouly

Le Mohican, onzième d'une famille de treize enfants, vit dans un petit pavillon de banlieue. Sa famille, grande tribu généreuse, est solidaire et la vie n'est jamais monotone pour le Mohican, entre le football (sa grande passion) et les dictées (sa terreur), entre rêves et rires. *Le champ de personne* est la chronique d'une journée comme les autres...

585 Les vacances du chiot-garou **Junior**

par Jacqueline Wilson

Des vacances au bord de la mer avec ses parents, ses sœurs et son fidèle Loupiot ? Micky est fou de joie ! Oui, mais l'hôtel n'accepte pas les chiens... et il n'est pas question que Micky parte sans son chiot chiot-garou ! Heureusement, Micky a de la suite dans les idées... et Loupiot aussi !

Cet
ouvrage,
le six cent
quatre-vingt deuxième
de la collection
CASTOR POCHE,
a été achevé d'imprimer
sur les presses de l'imprimerie
Maury Eurolivres
Manchecourt - France
en décembre 1998

Dépôt légal : janvier 1999.
N° d'édition : 4261. Imprimé en France.
ISBN : 2-08-164261-1
ISSN : 0763-4544
Loi n° 49-956 du 16 juillet 1949
sur les publications destinées à la jeunesse